不得不知的人类文明

著名的洞窟
ZHUMING DE DONGKU

知识达人 编著

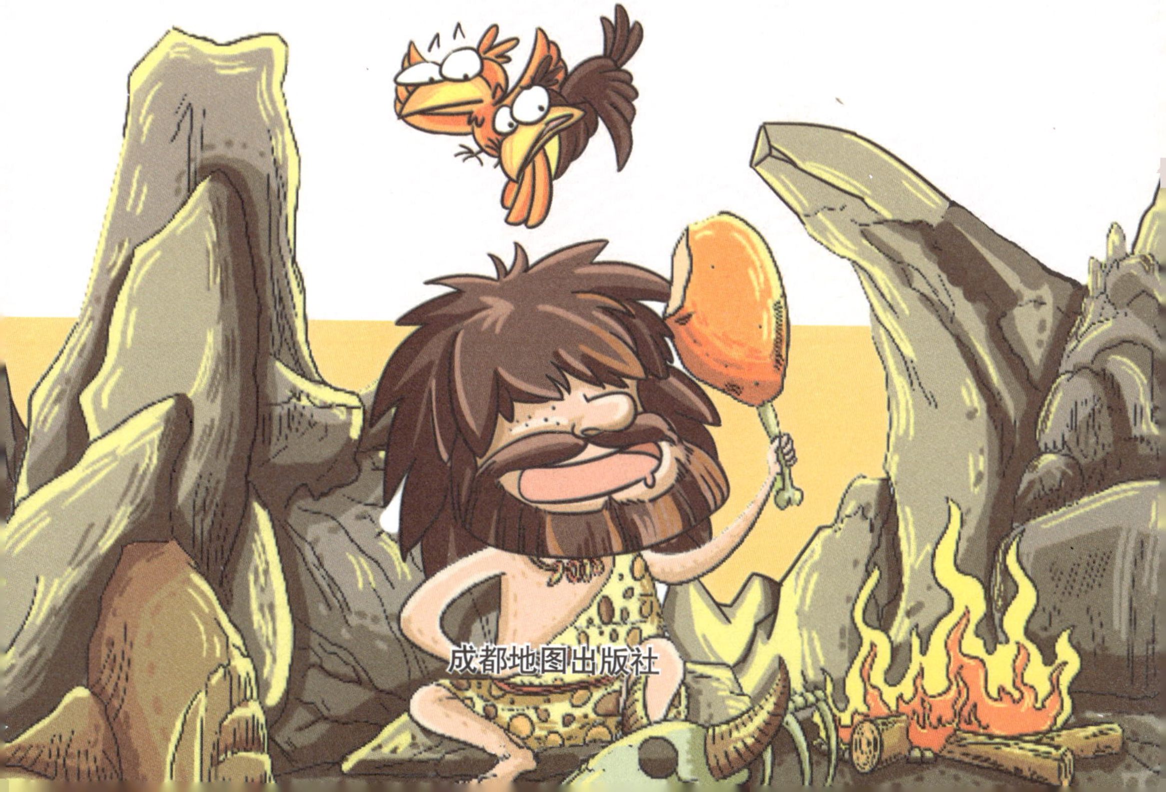

成都地图出版社

图书在版编目（CIP）数据

著名的洞窟 / 知识达人编著 . —— 成都：成都地图出版社, 2017.1（2021.5 重印）
（不得不知的人类文明）
ISBN 978-7-5557-0444-7

Ⅰ.①著… Ⅱ.①知… Ⅲ.①溶洞—介绍—世界②石窟—介绍—世界 Ⅳ.① P931.5 ② K869.2

中国版本图书馆 CIP 数据核字 (2016) 第 210587 号

不得不知的人类文明：著名的洞窟

责任编辑： 向贵香
封面设计： 纸上魔方

出版发行：	成都地图出版社
地　　址：	成都市龙泉驿区建设路 2 号
邮政编码：	610100
电　　话：	028 - 84884826（营销部）
传　　真：	028 - 84884820

印　　刷：唐山富达印务有限公司
（如发现印装质量问题，影响阅读，请与印刷厂商联系调换）

开　　本：710mm × 1000mm　1/16
印　　张：8　　　　　　　　字　　数：160 千字
版　　次：2017 年 1 月第 1 版　印　　次：2021 年 5 月第 4 次印刷
书　　号：ISBN 978-7-5557-0444-7
定　　价：38.00 元

版权所有，翻印必究

前言

为什么古巴比伦城被称为"空中的花园"？威尼斯为什么建在水上？四大文明要到哪里寻找呢？拉菲庄园为什么盛产葡萄酒？你想听听赵州桥的故事吗？你知道男人女人都不穿鞋的边陲古寨在哪里吗？你去过美丽峡谷中的德夯苗寨吗？

《不得不知的人类文明》包括宫殿城堡、古村古镇、建筑奇迹等。它通过浅显易懂的语言、轻松幽默的漫画、丰富有趣的知识点，为孩子营造了一个超级广阔的阅读和想象空间。

让我们现在就出发，一起去了解人类文明吧！

目录

远古人生存过的蟠龙洞　1

佛教圣地莫高窟　6

终年寒风刺骨的织金洞　12

遍布佛像的云冈石窟　18

透明鱼乐园——天泉洞　23

夜郎洞——神仙聚会之所　29

目录

云南第一洞——阿庐溶洞群　34

盛产燕窝的燕子洞　39

每面墙壁都是一本书的千佛洞　44

象岛上的神秘石窟　50

白云洞——无意中发现的奇观　55

有"狮子"和"大象"出没的善卷洞　60

"音乐大厅"樵岭洞　66

北国珍宝本溪洞　71

迷雾重重的石佛洞　75

目录

洞中一天、世上百年的张公洞　81

"水晶宫殿"灵谷洞　87

中国最深的双河溶洞　93

世界上最大的自然水晶洞　98

萤火虫最喜欢的怀托摩萤火虫洞　103

壮丽的芬格洞穴　109

"理想军营"阿里·萨德尔岩洞　113

仙女们集会的瑶琳洞　116

远古人生存过的蟠龙洞

在很久以前,就有人类居住在地球上了,他们是我们的祖先,从外形上看,与我们稍微有些不同。而且,他们居住的地方也与我们相差甚远呢!那么,他们住在哪儿呢?带着这些疑问,让咱们一起去曾经有过原始人生存的蟠龙洞看一看吧!大家会发现,原来我们的祖先也挺会享受的哦!

蟠龙洞位于广东省境内,坐落在云浮市区靠北边的狮子山上。通常情

况下，经过挤压变质形成的大理石是很难孕育出岩洞的，但是蟠龙洞却神奇地在大理石岩中诞生了，这在国内是十分罕见的。因此，它不仅具有很高的旅游价值，而且还具有不可估量的科研价值。

自从蟠龙洞对人们开放以来，慕名而来的游客数不胜数，大约有几百万人了，就连外国游客也纷纷赶来。不过，大家知道蟠龙洞的名字是怎么来的吗？

瞧，蟠龙洞内十分的曲折、迂回，就好像是一条龙蟠在里面

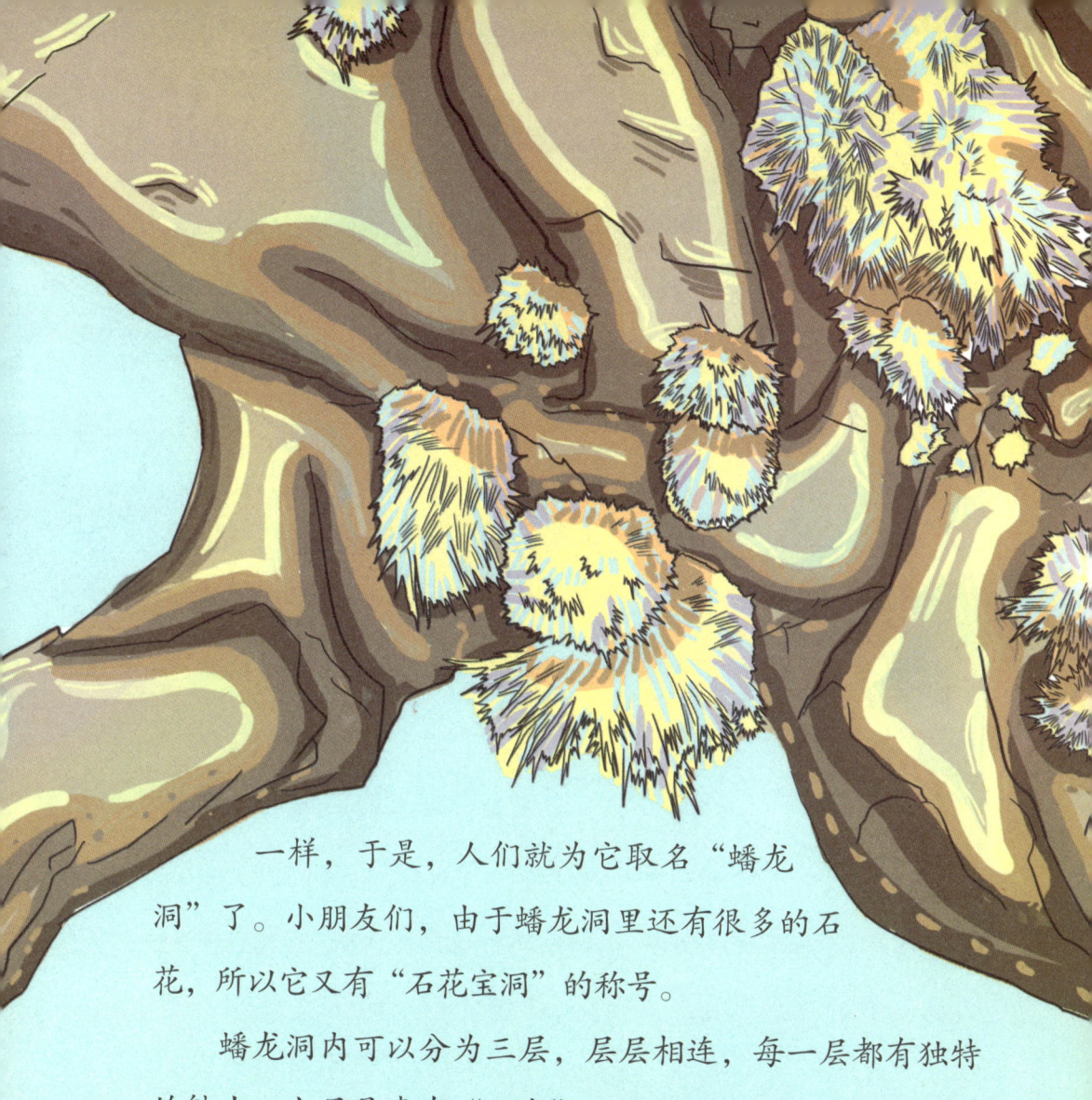

　　一样,于是,人们就为它取名"蟠龙洞"了。小朋友们,由于蟠龙洞里还有很多的石花,所以它又有"石花宝洞"的称号。

　　蟠龙洞内可以分为三层,层层相连,每一层都有独特的魅力。上层是素有"天堂"之称的通天洞,中层则是一条九龙长廊,而下层是龙泉地下河。蟠龙洞内的景点数不胜数,像"鸡鸣破法""石羊拜客""龙母玉池""仙桃盛会""双龙出海"等,这些都是洞里具有代表性的景点呢!其中有几个地方不得不提。

　　"神奇石花"是蟠龙洞的奇景之一,而蟠龙洞更是世界

上三大石花洞之一呢！石花是沿着岩壁向外生长着的，它向着洞的四面开花，遇见空气就会凝结成石头，十分的神奇。它们的形态也多种多样，有的似球非球，有的似针非针，有的呈灵芝状，有的像发丝……变化不断，奇妙无比。洞内的每个角落都有石花，这些花朵晶莹剔透，多姿多彩。

小朋友们，古动物化石区可谓是历史悠久了，里面有咱们难以见到的动物，比如长毛象、剑齿虎，它们好像带着人们走进了动画片《冰河世纪》当中了呢！据统计，迄今为止，这里已经出土了3000多件古生物化石，其中最为珍贵的就是远古人类的化石。

洞中最神奇的当属"龙泉地下河"。告诉你们哦，只要在龙泉旁边等上10分钟，那泉水便会如大海涨潮般地喷涌而出，一会儿过后又会重回风平浪静，开始慢慢地流回石洞，等着新一番的轮回。

古往今来，蟠龙洞就有"琼花独放蟠龙洞，环宇皆称第一奇"的说法，洞内的景点处处奇丽无比，一步一景，而蟠龙洞也绝对无愧于"神州奇葩"的称呼！如果小朋友们想欣赏蟠龙洞内更多的美景，那么就来亲身体会吧！

佛教圣地莫高窟

小朋友们，你们听说过"丝绸之路"吗？这可不是一条被铺满了丝绸的道路，而是一条年代悠久的商路呢！它绵延千里，贯穿了我国多个城市，最后直通亚洲、非洲、欧洲，它默默地完成着促进中西方友好交往和经济文化交流的任务。小朋

友们,敦煌莫高窟就是丝绸之路的结晶呢!

莫高窟,位于河西走廊的西端,它又被人们称为"千佛洞",而这名字的由来还和一段曲折的历史相关呢!

根据历史记载,在晋废帝太和元年,有个名叫"乐樽"的和尚很有佛学修养,于是,他开始了漫长的西游,千里迢迢地来到了沙洲,也就是现今的敦煌。他在敦煌的东南角发现一座被当地人称为"三危山"的地方,顾名思义,该山有三个陡峭挺立的山峰。

眼看着太阳快要西落了,乐樽还没有找到暂住的地方,就在此时,眼前忽然出现奇景,迎着夕阳,三危山的三个山峰发出灿烂的金光。他看见有成千上万的佛像在金光中若隐若现,于是情不自禁地感叹道:"这里是圣地呀!"

欢喜之余,乐樽顶礼膜拜,便许下了造窟的誓愿。从此,他四处化缘筹集资金,请来了工匠,造出了第一个石窟,并命名为"乐樽窟"。后来,事情被传开了,许多善男信女都来朝拜,而建造石窟的人越来越多,上自王公贵族、大小官吏,下至有钱商人、普通百姓。到了唐朝女皇帝武则天时期,敦煌已经有了1000多个石窟了,"千佛

洞"由此而来。

故事说完了，可能就有小朋友们要问了，故事里的乐樽和尚看到的奇景是真的吗？

当然是假的，这是因为三危山中的石头含有矿质，只要有阳光照在石头上，就会出现反射效应罢了。历经几千年的莫高窟，如今是否依旧"金光闪闪"呢？我们可以从三个方面来了解哦！

第一，建筑艺术。石窟经过岁月的无情洗礼后，现在只保存有500多个洞窟了！我们可以按照其建筑和功能划分类型，比如中心柱窟、殿堂窟、覆斗顶型窟、大像窟、涅槃窟、禅窟、僧房窟等等。知道吗？最大的窟型有40多米高，30多米宽，而最小的不足33厘米呢！两者相比较，还真有点"小巫见大巫"的感觉。这些石窟是"中西合璧"下的产物，它们不仅反映了我国的民族艺术特点，同时也表现出外来艺术的特征，具有很高的研究价值！

第二，彩塑艺术。敦煌艺术宝库中最引人注目的就是那些栩栩如生、多彩多姿的彩塑了。和蔼庄严的佛像，威武霸气的金刚力士像，秀美端庄的菩萨像等等，无一不是令人赞叹的精品。它们色彩鲜艳，造型各异，最高的佛像身长有34.5米，最小的只有2厘米左右，还没有咱们的小拇指长呢！怎么样？莫高窟是一座不折不扣的佛教彩塑博物馆吧！

第三，壁画艺术。莫高窟内共有45000平方米的壁画，主要讲述的是各种各样的佛教故事，当然也有山川景物、花鸟鱼虫等。这些壁画在民族文化的基础上，吸纳了伊朗、印度、希腊等多国的绘画元素，绝对让人看得眼花缭乱！

小朋友们，莫高窟可是世界上规模最大、历史最长、内容最丰富的艺术汇聚地哦，它带领着人们穿越千年，感受别样的风情。

终年寒风刺骨的织金洞

小朋友们,你们知道中国最美的十个洞穴有哪些吗?其中排在第一位的就是织金洞。织金洞,难道如它的名字一般,里面有金子不成?

织金洞,原名为打鸡洞,它位于贵州省织金县城北部的官寨乡境内。整个洞穴的长度在6600米左右,最宽的地方有175米,这比咱们的足球场还要长呢!另外,洞里面有40多种岩溶堆积物,这让织金洞成为了一座天然的"岩溶博物馆"!

小朋友们,走进织金洞,

就好像是走进了一个奇幻般的世界。织金洞共有十大名景,每一个景点都独树一帜,绝对能把人迷得神魂颠倒。下面就让咱们去领略一番吧!

织金洞十分"好客",因为首先看到的景观便是迎宾厅。

迎宾厅顾名思义,是一个长达200多米的走廊,它好像在欢迎人们走入洞内一般。走在走廊上,抬头看着远方,让人觉得这条路的尽头似乎是天堂。当然啦,天堂是不存在的,而走廊的尽头则是一个类似于"天堂"的大厅。大厅的顶部有一个很大的圆形天窗,阳光透

过天窗,能够直接照射到洞的底部。天窗岩壁上的水滴落下时,在阳光的映衬下,仿佛天空中有数之不尽的金钱落下,因此,织金洞又名落钱洞。

我们都知道寺庙内有讲经的地方,但是织金洞内也有"讲经堂"呢!

小朋友们,讲经堂内可没有佛经哦,只有形状如同罗

汉讲经的溶岩堆积物，而它的名字也是由此而来的！整个讲经堂被一块巨型钟乳石一分为二，里面的水潭取名为"日月潭"。日月潭的左侧有9根石柱，形状如同9条盘龙，形成了"九龙撑天"的架势，给人一种气势磅礴的视觉冲击！

与讲经堂相距不远的是塔林洞，洞内有100多座钟乳石形成的"宝塔"，阳光穿透宝塔，仿佛佛光普照大地一般。

接着往里走，万寿宫赫然出现在眼前，这是由洞顶的巨石塌落后堆积而成的洞穴，万寿宫内有三尊石"寿星"，参拜的人可不少哦。在洞的顶部和岩壁上，还有好几种色彩配成的图案,绚丽多姿呢!

接着地势变高,一条100多米长的地下湖从脚下流过。瞧,湖边有黑色的钟乳石,它们个个高达10米,形状犹如铁树,上面还镶嵌着黑色的石珠,就好像是树的果实一般。大家看着可不要眼馋啊,这可是会磕掉牙齿的呢!

地下湖的尽头是"南天门",穿过门便踏入了广寒宫。让人郁闷的是,广寒宫没有嫦娥仙子和玉

兔，有的只是星罗棋布的奇峰怪石，就好像月桂树似的，当然啦，咱们也看不见砍着月桂树的神仙吴刚！

洞内最独特的一处景观是有17米多高的"银雨树"，它也是钟乳石形成的呢！它笔直地伫立在那里，就好像是守卫一般，它恪尽职守的精神博得游人纷纷称赞！

织金洞内的美景远远不止这些，它就像是仙女们编织出来的梦幻之地，它那独特的韵味，需要咱们一点点地去探究哦！

织金洞内最大的洞穴

最大的洞穴，其面积达几万平方米，厅堂里面到处都是各种各样的钟乳石，大的有几十丈的，小一点的只有竹笋大。这些钟乳石晶莹剔透、洁白如玉，它们的形状也各不相同，但却栩栩如生。

遍布佛像的云冈石窟

小朋友们知道哪几个石窟被称为"中国四大石窟艺术宝库"吗？它们分别是敦煌莫高窟、洛阳龙门石窟、麦积山石窟以及云冈石窟。其中云冈石窟，就连咱们的冰心奶奶都夸奖它为鬼斧神工之作呢！

云冈石窟位于山西省大同市，坐落在武周山的山崖上，整个石窟东西长1千米，看上去极为壮观。根据历史记载，石窟诞生于1500多年的北魏时期，当时动用了数万人，花了60多年的时间才完成的。不过，当地的居民却不那样认为，他们觉得石窟的由来与一则流传着的故事有关呢！

据说,在2800年以前,黄土高原的北部有一个大沙丘,沙丘下总是传来迷人的音乐,这到底是怎么回事呢?有人挖开沙丘想看个究竟,但最后什么也没发现,就连音乐也消失了,大家泄气后纷纷失望地离开,只有一个叫作武周的10岁小羊倌,他每天趁羊吃草时,就不停地挖呀挖,最后沙丘变成了大沙坑。

武周挖累后,他便吹奏随身带着的笛子,只要一吹,沙坑深处就有声音附和。因此,他更加相信沙坑下有东西。有一天,武周突然听见说话声:"你快点找个地方躲起来,我们要出去了!"

武周高兴地喊了声:"好,你们快出来吧!我都等了快10年了。"说完,一口气跑出十几里外。忽然,"轰隆"一声,沙坑被填平了,而地面上出现了一座大山,山上有着辉煌宏伟的庙宇。武周看呆了,只见庙宇外仙雾缭绕,并且有许多乐手演奏,

他不由自主地向前靠近。一瞬间，音乐戛然而止，而乐者和舞者都变成了石人，庙宇也变成了石窟，也就是现在的云冈石窟。人们为了纪念武周，便把石窟所在的山称为"武周山"。

小朋友，就目前而言，云冈石窟共有45个洞窟，252个大小不一的窟龛，另外还有51000多尊造像。其中有几个石窟特别有名呢！

走进云冈石窟，首先看到的便是被称为"双窟"的第一窟、第二窟，它们就像是一对双胞胎兄弟。第一窟的中央有一

根两层的方形塔柱,上面雕满了花纹,旁边是一座弥勒石雕,雕像耳朵极大,更有意思的是,不论我们从哪个角度看,雕像的嘴角都是微微勾起的,似乎都在微笑!第二窟中央的方形塔柱是3层的,窟内石壁上雕着5层小塔,让人怀疑这是托塔李天王的玲珑宝塔变的呢!

　　位于云冈石窟中部的第七窟也很有特色哦!它的奇特之处在于布局,与其他石窟不同,它的平面是长方形的,窟内分为上下两层,并且左右分段,好似被隔成一个个的小房间!里面雕刻着坐在狮子上的弥勒菩萨、释迦牟尼、多宝二佛等，并且还有一排拿着乐器演奏的乐人像，好似在弹奏音乐给佛祖们听呢！听，这乐曲叮叮当当的，十分悦耳。

云冈石窟中最有名的是"昙曜五窟"，每个石窟的中央都雕刻了栩栩如生、体型巨大的佛像，它们象征的可是北魏五朝的五代皇帝呢！当然，石窟内还有一些窟群，这些窟群由多个石窟组合在一起，呈现出"万佛朝宗"的景象。知道吗？这些都是研究北魏时期建筑的真实资料呢！

怎么样？云冈石窟是座不折不扣的艺术宝库吧？

透明鱼乐园——天泉洞

小朋友们,你们见过玻璃鱼吗?顾名思义,这种鱼是透明的,它的五脏六腑都能被看得清清楚楚的。其实,玻璃鱼是喀斯特地貌溶洞里特有的群居性物种,由于很少见到阳光,所以它们身体内的色素比较少,才会如此的透明。那么,你们想不想知道在哪里能见到这种鱼呢?嘿嘿,宜宾市兴文县境内的天泉洞内就有哦,而且还是一群

一群的呢。

天泉洞里不仅生活着玻璃鱼，它的景色也非常的美丽呢。那么为什么要叫它"天泉洞"呢？这就要从当地流传的一个故事说起了。

传说，在很久以前，在牛牯岭下有一个叫作东寮村的村庄，村庄内的人民全都姓许。东寮村民风淳朴，村民们非常勤劳、勇敢，他们的日子过着悠然自得，同时对这种男耕女织的生活十分满意。

村里有个小伙子，名叫许定发，不仅长得壮实，也非常聪明。白天的时候，他务农砍柴，

到了晚上就勤练武艺。本来许定发看上了另一个村的姑娘，都已经准备结婚了，可是好景不长，由于天气变得非常干旱，地里面颗粒无收，所以婚事也就耽搁了。为了生存，村民们纷纷掘井，但结果都是十井九空。

有一天，许定发正在重新挖一口井，这时突然来了一位老神仙。老神仙对许定发说："牛牿岭是一处宝地，早在3000年以前，这里便安放了天泉穴，但每1000年只能放一次水。你在明天夜半三更的时候，到牛牿岭上去寻找天泉穴，只要找一块会发黄光的石头，对它拜三拜，然后在石头上猛

　　击三下，石头就会自动移开，天泉水就会流出。但在那之前，你要连过三关。"

　　第二天，许定发去闯关了，他连续闯过了"金钱关"和"美人关"，最后更是闯过了老神仙亲自坐镇的"生死关"。后来，天泉水被引了出来，人们为了纪念许定发，就把天泉穴取名为"天泉洞"。

　　小朋友们，你们看，连神仙都看重的地方，自然有它独

特之处！天泉洞的规模非常的宏大，它空间之大，游览长度之长，这在世界洞穴中都属首位。

走进天泉洞，里面共分为上下4层，由7个大厅组成。天泉洞不仅每一层的景色十分美丽，它的每个大厅也都高大宽敞，气势恢弘！洞中景色千奇百怪、气象万千，比较出名的景点有穹庐广厦、天泉明宫、泻玉流光、云步通幽、石花奇观、长廊石秀、石林仙姿等。

其中泻玉流光的顶部是一个窗户状的洞孔，泉水从上面飞流直下，仿佛从天而来。瞧，洞内河道密布，磐石耸立，流水潺潺，石花缀满岩壁。洞内外还保存着七星灶、滤硝池、石城堡等遗迹。

天泉洞，这是一座充满历史气息和古朴韵味的洞穴，同时它还被世界地质学家和探险家们评为最具科考、探险价值的洞穴呢！怎么样？你们是不是觉得洞内充满了神奇的韵味呢？

夜郎洞——神仙聚会之所

小朋友们，古往今来，寻仙访古一直是文人骚客们乐于去做的事情。真正的神仙隐士，他们都喜欢居住在远离尘世的地方，像荒山老林、隐蔽洞穴，这些地方成了他们的最爱。大家可别不信，因为很多洞穴都流传着关于神仙的传说呢！

大家知道夜郎洞吗？据说，这可是众多神仙居住过的洞穴呢！嘘，接下来，让咱们一起去寻

觅神仙的足迹吧!

夜郎洞,它位于贵州省镇宁县西北部的扁担山区,因为这里是夜郎古国的发源地,洞穴被发现后,便冠上了"夜郎"二字。洞内外的景物协调一致,相得益彰,显示出一片壮丽的景象,看上去却又纤巧包容。与多数洞穴一样,夜郎洞也是个洞中有洞的奇穴,它由10个洞穴组成,其中以门绵洞和双洞最为奇特。

门绵洞可分为两层,第一层内有两个耳洞,右边的耳洞

比较高大宽敞，洞内的溶岩堆积物比较少，但是有很多的蝙蝠呢！如果有人贸然进入，这些蝙蝠就会害怕得四处乱飞，好像在表示：你们打扰到我啦！

左边的耳洞同样宽敞，不过洞中有粗细不等的石柱，石柱的表面分布着各式各样的纹理，看起来十分奇特巧妙。

走过耳洞，会经过一条大约200多米长的水路，水路两边分布着密密麻麻的石花，就像是溅出的水花挂在了洞壁上。抬头向着洞顶看去，大家会看到层层的云影，它们随着灯光摇曳浮动，就好像有生命似的，这种奇特的现象被人们称为"乱云飞渡"。

小朋友们，门绵洞的第二层是干溶洞，洞里生长着很多高矮、大小不等的石笋,就好像各路神仙相聚在此,因此该地被称为"神仙会"或"聚仙坡"。当然啦,洞内还有许多造型奇特的钟乳石,有一个高3.7米的石笋,它看起来像一把古剑,好似在镇压什么厉害的妖魔鬼怪呢!

顺着干溶洞往上走100米左右,就到了双洞了,顾名思义,这儿有两个洞口,洞口之间相距600多米,而这段距离间共有6个大厅,每个大厅都各具特色!

第一厅,该厅又有"波涌云生厅"之称。其顶部长有一个石笋,像一个凌空而上的宝塔,和它相对着的石笋就像一朵莲花,瞧,还有水珠滴滴答答地流下呢!

第二厅是双洞里最精华的部分。厅里有洁白如玉的方解石结晶，有细如毛发雨丝的钟乳石，还有许多巧夺天工的景色。

　　最为奇特的当属第三大厅，那些钟乳石如同一个个浮游在空中的水母。怎么样？是不是有种置身于海底世界的错觉呢？

　　当然啦，余下的三个大厅内都有奇形怪状的钟乳石，每一块石头都有自己的故事呢！听，它们一个个地在说什么呢！

云南第一洞——阿庐溶洞群

云南是一个气候怡人的地方,它一年四季温暖如春,得天独厚的自然条件也让云南的自然风光格外秀美、迷人。小朋友们,无论你们想看奇峰怪石,还是想欣赏清澈碧绿的河流,都可以来云南哦!如果想去充满神秘色彩的洞穴探宝,云南的阿庐溶洞群一定是一个绝佳去处!

阿庐溶洞群,这是一个十分神奇的地下溶洞群,它是亚洲最为壮观的天然洞穴之一

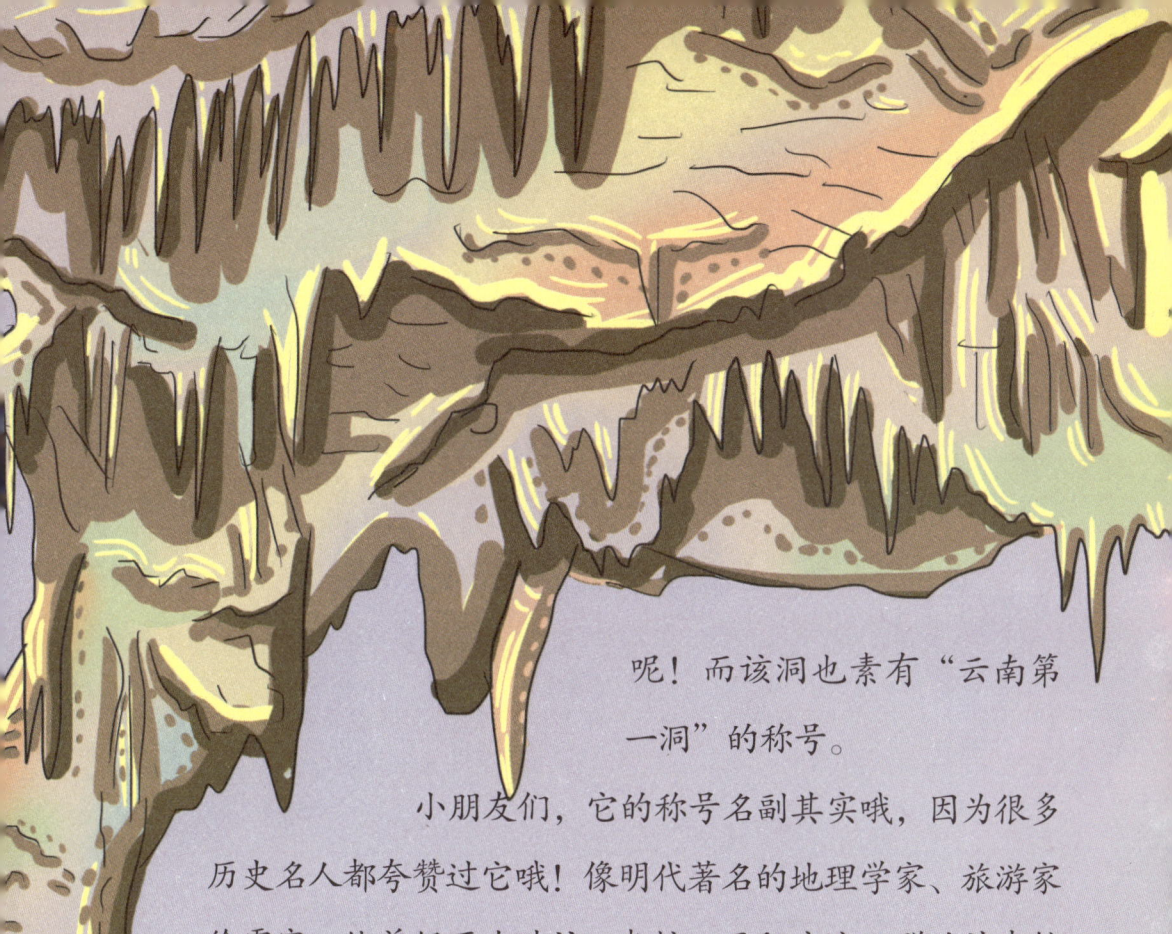

呢！而该洞也素有"云南第一洞"的称号。

小朋友们，它的称号名副其实哦，因为很多历史名人都夸赞过它哦！像明代著名的地理学家、旅游家徐霞客，他曾经两次造访，都惊叹于阿庐溶洞群的神奇魅力，更写下了千古流传的美文。三国时期的诸葛孔明也曾到这儿游玩欣赏，看着溶洞，他情不自禁地轻摇羽扇，赞叹不已。

说了这么多，就让咱们去洞中查看一番，看看阿庐溶洞群是否真的有这般魅力吧！

在彝语中，"阿庐古洞"的意思是"前面有平坦草地的虎洞"。顾名思义，洞内十分宽敞平坦。整个洞长3000多米，它由泸源洞、玉柱洞、玉笋河以及碧玉洞四

部分组成。洞中的景观可分为四个特点,分别是古、奇、险、绝。

首先要说的是泸源洞,大家知道它为什么出名吗?因为泸西县城东南部的泉水就是从这个洞中流淌出来的。而且,洞中至今还保留着明代和清代名人所题的字样,由此可看出,古往今来,人们就对泸源洞宠爱有加呢!

离泸源洞5米远的地方是玉柱洞。整个洞长800多米,它宛如一座规模庞大的地下宫殿,抬头往上看,洞中钟乳石倒挂着,就像卷帘一般,奇特美观。玉柱洞内有很多的洞厅,

最大的一个厅长70多米，宽达30多米呢！简直可以在里面打篮球了呢！

走出玉柱洞，脚下有一条暗流，小朋友们，它可是有名字的哦，它叫作玉笋河，河水由北向南流去，终年流淌，河道宽阔，河顶最高处可达10米呢！试想一下，倘若坐着一条小舟，在清澈见底的暗河中荡漾，是不是别有一番情趣呢？

走过玉笋河，就能够到达碧玉洞了，它的名字由来是因为洞内的钟乳石如碧玉一般。让人诧异的是，碧玉洞的洞口居然位于半山腰上。洞穴内呈笔直地延伸，几乎没有大厅，好像一根肠子直通到底。

小朋友们，阿庐溶洞群的景点有上百之多呢！自开放以来，已经接待了几百万的游客，令无数游人流连忘返。你是不是也迫不及待地想去一次呢？

盛产燕窝的燕子洞

"小燕子,穿花衣,年年春天来这里……"

《小燕子》这首儿歌,许多小朋友都听过吧!小燕子不仅长得可爱,它还能生产一种大补的营养品——燕窝。

有一处洞穴,里面住了许多小燕子,里面出产的燕窝品质都属上等,很受购买者的喜爱。这个神奇的山洞就是燕子洞。

燕子洞,它位于建水县

东面的泸江河谷中。

其洞外、洞内的景观各有特色呢!

洞外的风光十分秀美,放眼望去,四处生长着许多的桃树和李树。到了春季,花朵争相开放;秋季则果实累累,一片艳丽的景象。洞外的悬崖峭壁之上还长有许多的珍贵树木。瞧,这些小燕子停歇在上面,好像听着树伯伯们讲述古老的故事呢!

洞内则以其独有的古洞奇观、春燕云集、钟乳悬匾、采燕窝绝技等闻名于世哦!

燕子洞分为旱洞和水洞。旱洞的形状犹如一座天生桥，洞里面十分宽敞，能够同时容纳几千人。洞中还有几十块的摩崖石刻和诗文碑刻，由此可看出古人们的足迹。洞中最独特的景观当属钟乳石形成的悬匾，数目可达上千呢！

水洞可是人间天堂，几乎所有的美景都集中在该洞内。据考证，水洞已经有了300多万年的历史了，它经过水流不断地冲刷和溶蚀才形成如今的规模，洞中峭壁陡崖，钟乳石的形状千姿百态，让人不得不感叹大自然的鬼斧神工呢！当然啊，洞内的景观远远不止这些，比较知名的还有龙泉探幽、双象啜饮、金毛吼狮、瑶台遗址等。

说了这么多,可是都没有说到燕子呢!那么,在哪儿可以看到它们呢?

瞧,那几十万只的白腰雨燕把家安置在洞内的岩壁上面。每年春天的时候,就能够观赏到万燕归巢的神奇景象。它们时而成"品"字形飞翔,时而如利箭齐发,数量众多,那叽叽喳喳的叫声,震耳欲聋!伴随着洞内的水流声,犹如在开一场别开生面的"溶洞音乐会"呢!

小朋友们,燕子洞最盛名远播的就是燕窝了,每年的8月8日,这里还会举办燕窝节,那个时候会观赏到十分高超的取燕窝绝技。当地的居民们凭着一双手,攀上长50多米,高400多米的洞顶,然后从钟乳石中采集到新鲜的燕窝,场面十分惊险刺激,令人拍案叫绝。

现在的燕子洞每天都会有攀岩表演,而且没有任何的保护措施!如果看到这样惊心动魄的场面,你们的心是否提到了嗓子眼呢?

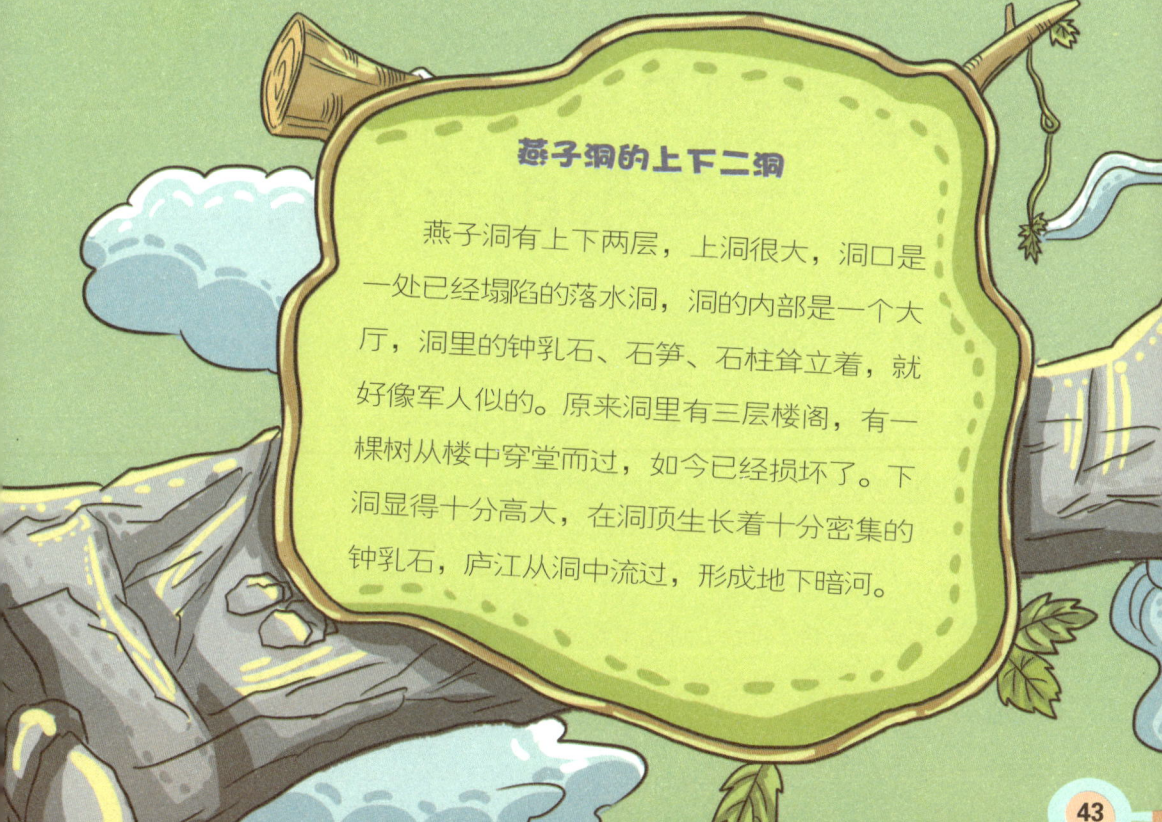

燕子洞的上下二洞

燕子洞有上下两层,上洞很大,洞口是一处已经塌陷的落水洞,洞的内部是一个大厅,洞里的钟乳石、石笋、石柱耸立着,就好像军人似的。原来洞里有三层楼阁,有一棵树从楼中穿堂而过,如今已经损坏了。下洞显得十分高大,在洞顶生长着十分密集的钟乳石,庐江从洞中流过,形成地下暗河。

每面墙壁都是
一本书的千佛洞

　　小朋友们,你们知道孙悟空的洞府叫什么吗?相信大家都会争前恐后地说"水帘洞"三个字。其实啊,水帘洞是由五个部分组成的呢,它们分别是显圣池、拉稍寺、水帘洞、三清洞和千佛洞。大家可不要以为这里的千佛洞是敦煌的千佛洞哦!虽然两个名字一样,但是实质上却是相差十万八千里呢!

千佛洞,它坐落在天水市武山县城东北约50千米处的钟楼山峡谷中,这个洞窟可是与赫赫有名的蚩尤有关呢!

我们都知道,蚩尤、黄帝和炎帝是中华的三大始祖,他们每一个都战绩显赫。在原始社会末期,蚩尤有81个兄弟,掌管着9个部落,史称"九黎部落"。这个部落的男人们长得人高马大,而且还勇敢善斗,经常与中原地区的部落作战。相传,蚩尤就出生在千佛洞所在的石龙村云台下的天子坑,而千佛洞就是蚩尤与其81个兄弟的住处。由于蚩尤的功绩最大,千佛洞又被后人称为"蚩山洞"。

小朋友们,接下来让咱们一起进入千佛洞,看看它有哪些"资本"被蚩尤选中吧!

千佛洞,它从东往西延伸,高约20米,深500米。在东面还有个山门,有人猜测,这是蚩尤进入洞穴的大门!千佛洞内主要有三个大厅,分别为千佛聚会厅、万年国画厅、八仙醉乐厅。另外还有五个内室,分别为吉祥室、聚会室、仙壁室、宝剑室和醉仙室。这些空间内都放满了用石头雕刻而成的佛像。

千佛洞还一座坐西朝东的正殿,它为土木结构,前、中、后三个大

堂平分正殿。在前堂塑有栩栩如生的释迦佛像一尊，给人一种慈悲为怀的感觉；中堂塑有十八罗汉，仿佛就是个十八铜人阵呢！而墙壁上则绘制了佛说法图，它默默地为人们诉说着博大精深的佛学；后堂比较单一，有卧佛一尊。告诉你们哦，这三个部分紧密地连在一起，成为一个整体呢。

　　当然啦，如果按照千佛洞面向悬崖的一侧，以木桩栈道为分界线的

话，它又被分为壁画和悬塑造像两个部分。

我们都知道，图书馆中有各种各样的书，但是需要咱们动手翻阅，千佛洞内也有"书"哦，但是它可以让咱们一眼阅读完，这说的就是壁画了。其中万年国画厅是由三大幅面积为10平方米的壁画组成的，每一幅都有各自的特点。一幅有着如江河一般奔腾的狂野；一幅有着绘画者天马行空的

想象；最后一幅描绘出了大自然的恬静，有山有水，搭配得当，令人叫绝。而悬塑造像十分丰满，并且神态各异，尤其是菩萨雕塑个个丰盈清秀，颇具北周雕塑的特点，隐约之间也能看到西魏时期的雕塑风格。

小朋友们，这些可都是研究我国早期石窟艺术的重要资料呢！

象岛上的神秘石窟

小朋友们都看过《西游记》吧？也都知道唐僧师徒四人去西天取经，但是你们知道"西天"是指哪儿吗？据说就是印度呢。知道吗？印度是佛教的发源地，那儿的佛教文化发达得让人瞠目结舌！在当地有一座与佛教息息相关的石窟，叫作象岛石窟，它可是以神妙莫测、巧夺天工自居哦！

象岛石窟，可能有人疑惑了，难道这个石窟在一个满是大象的小岛上吗？如果大家这样理解那就错了。据说，在16世纪的时候，葡萄牙人发现一个小岛，他们在登陆点发现一头石雕大象，所以便将岛命名为"象岛"，之后又发现了石窟，于是便叫做了象岛石窟。

象岛石窟位于印度孟买以东10千米的阿拉伯海上，当地环境优美，十分吸引人哦！那么，石窟除了历史悠久外，是否也像小岛一样迷人呢？

小朋友们，象岛石窟

是一所地下神殿哦，它建立于8世纪，其岩石大多都是从外部向内开凿的，给人一种宏大雄伟的姿态。整个石窟可以划分为五部分，每一部分都有各自的特点，其中最有特色的就是第一号石窟和第五号石窟。

第一号石窟，它的平面为十字形，边长大约40米，石窟内有许多石柱子，就像是一片石头林。石窟内的雕像造型独特，浑厚而典雅，处处透露着神秘。石窟的门廊两侧和石窟内部的岩壁上都有巨大的高浮雕嵌板，数目达到9块呢！嵌板上雕刻的内容多为印度教大神湿婆像。在第一号石窟中，

许多雕塑都是以湿婆为主,这足以看出湿婆在印度佛教中的地位了吧!

在第一号石窟的西边有一座独立的方形祠堂,里面供奉的可是林伽呢!祠堂有四个门,每个门的左右两边都有两尊高浮雕守门神,它们似乎在守护着象岛石窟的宁静与和谐。小朋友们,在第一号石窟中,我们看到的不仅是宏伟,更看到了印度艺术的完美体现。

第五号石窟内有一座巨大的湿婆神像,它高达6米,一首三面,从不同的角度看会看到湿婆神像的不同表情,相当神奇哦！瞧，从正面看，湿婆神像表情庄严；从左边看，湿婆神像表情温顺，还面带着笑容；从右边看，湿婆的神情夸张，嘴角露出了獠牙。

洞窟中还有一尊西瓦三面胸像，它高约5.5米，与湿婆神像不同的是，它有三个面相。左边的面相为男性，手中握着毒蛇，口中露出了獠牙；正面的面相表情严肃，看起来十分睿智，一手托着净瓶；右边的面相为女性，表情温柔，面带笑容，手中拈着莲花。告诉你们哦，这尊神像十分有名，几乎与泰姬陵齐名了呢！

象岛石窟内还有许多惟妙惟肖的雕刻品，而这座石窟绝对是印度石窟中的一朵奇葩。

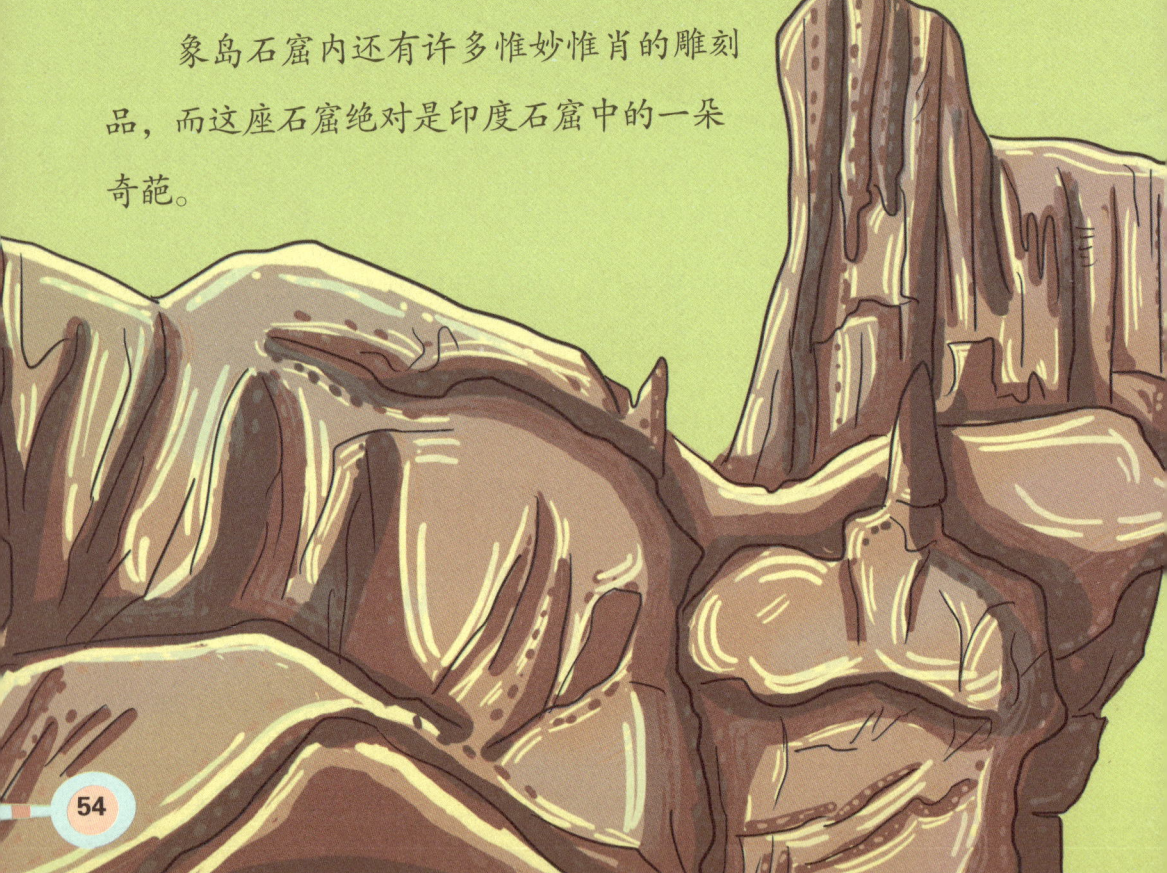

白云洞——
无意中发现的奇观

小朋友们，你们一定都很喜欢看《搜神传》吧！里面有许多神仙妖怪都住在山洞里呢！仔细观察，这些洞府有一个特点，它们大多数处在偏远地区，并且人迹罕至。但是洞府内外环境都是极美的。白云洞就是这样一个洞穴，如果不是人们意外地发现了它，或许它的美只能留给鸟兽们欣赏了呢。

白云洞位于莆田市东桥镇南渚境内的九龙山上,当地有着"三圣之一"称号的卓晚春,他的庙宇就安置在洞内哦!当然啦,在当地还流传着一个有关卓晚春和白云洞的传说!

卓晚春,号上阳子,他的行为、作风很有济公的风范。他在莆田非常的有名,他的一些传奇故事在当地广为流传,信仰他的人数不胜数。在碑廊往北走不到100米的地方有一个窟窿,也就是"石泉井"。

传说在白云洞兴起的时候,九龙山严重缺水,于是人们开凿了一口井,但是它却不出水。卓晚春就对弟子们说:"不用慌张,在山上西北角有一处石坑,用石头把坑围起来,然后再用三道符把井口封住,七天后就可以出水了。"果然,石泉井真的有水流出,而且甘甜可口,人们把它当成了圣水。

现如今,石泉井内的水还没有枯竭,"石泉井"边还保留着署名为"卓晚春"的碑文石刻,文字犹如飞龙走凤,扑朔迷离,神秘至极。据说,没有人知道这些字到底写的是什么,

很多游客们来白云洞都会到此驻足观赏，研究它的奥秘呢！

白云洞供奉着卓晚春及林龙江塑像。白云洞庙宇还留下许多出自卓晚春之手的楹联诗句，其中有五言律诗、七言绝句、藏头诗等。悬挂在昭明殿的一副楹联"壶笔并肩参宇宙，鹭蚶合掌拜乾坤"，把壶公山、笔架山、鹭峰山、大蚶山这四个景点都融入了对联当中。

在九龙山北面的山坡上有三座小型庙宇，那里建有卓晚春留诗诗碑林，是白云洞风景区名胜景点之一。它是由莆田当代书法家精心写作的,并专门用质地优良的花岗岩雕琢而成。诗碑林里记录着卓晚春的生平轶事。怎么样?是不是宛如置身在书法的世界中了呢?

除了这些景点,白云洞还有有普济庵、飞来洞、白莲寺、卓氏祖祠等景点。它们个个都具有自然和人文之美,绝对令人流连忘返。

小朋友们,白云洞还是三教合一的大宗林,这里不仅是宗教艺术的宝库,也为我们研究当地的文化和历史提供了很多的资料哦!

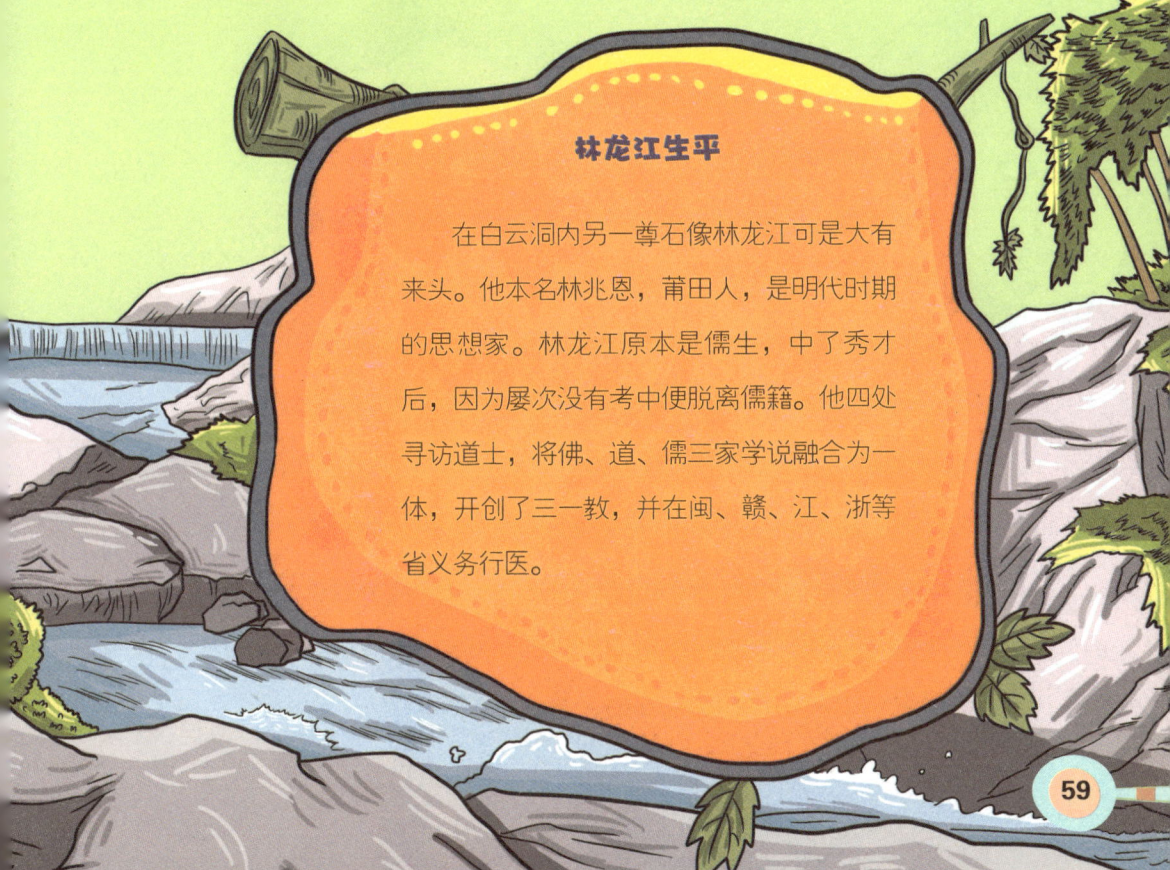

林龙江生平

在白云洞内另一尊石像林龙江可是大有来头。他本名林兆恩,莆田人,是明代时期的思想家。林龙江原本是儒生,中了秀才后,因为屡次没有考中便脱离儒籍。他四处寻访道士,将佛、道、儒三家学说融合为一体,开创了三一教,并在闽、赣、江、浙等省义务行医。

有"狮子"和"大象"出没的善卷洞

小朋友们,你们一定都知道狮子和大象都是生活在森林里面的动物吧!但是有一个地方非常的奇怪,那里的"狮子"和"大象"却是住在山洞里面的!大家想不想知道这个奇特的山洞叫什么名字呢?它就是善卷洞。

善卷洞位于宜兴市,具体位置是在该市西南方

向，大约25千米处的祝陵村螺岩山上，也被称为宜兴市的"三奇"之一。告诉你们哦，这个"洞"的由来可不一般呢！

传说在很久以前，有位非常贤明的先生，他名为善卷。当时的首领是舜，他觉得善卷是一个可以造福天下百姓的人，于是就想把天下禅让给他。但是让人不解的是，善卷先生总是拒绝，最后迫于无奈，他偷偷躲在了山洞中，而这个洞就是今天的善卷洞。

怎么样？小小的善卷洞原来有这么大的来历呢，而它更是与比利时的汉人洞、法兰西的里昂洞齐名,是世界三大奇洞之一哦!那么,它有哪些资本值得人们瞩目呢?下面让我们一起到善卷洞内去观赏一番,领略它的独特魅力吧!

小朋友们,来到洞口,一块巨大的钟乳石笋立在路口,就好像是在欢迎游人的到来呢!当然啦,这块石钟乳是有名字的,它名为砥柱峰,十分符合善卷洞的韵味。越过石笋,会感到一股潮气迎面而来,接下来算是真正地进入洞中了!

善卷洞,它共有上、中、下、水四洞,每个洞都分三层,每一层都相通,就好似一个迷宫。小朋

友们,你们可不要在"迷宫"中分不清东南西北啊!咱们按着顺序参观一番吧!

经过砥柱峰,首先见到的不是上洞,而是中洞。中洞是一个十分宽敞的大厅,有两个把门的巨石,左边的一块看起来像一个狮子,右边的像一个大象,所以它又被叫作"狮象大厅"。小朋友们要注意了,中洞的地面非常光滑湿润,稍不留心就会跌倒呢!

沿着石阶向上走,没一会儿,空间就变得宽敞起来,眼前好似是一个大厅,这就是素有"人间天上"之称的上洞了。上洞内一年四季的温度都保持在23℃左右。这儿还有很

多造型奇特的石头,也有小桥流水的美景,让人陷入一片朦胧的景象中。

善卷洞最为神奇的是下洞和水洞,这里的环境和上洞截然不同,如同进入了另一片天地。

下洞是一条狭窄的长廊,洞顶的钟乳石倒挂下来,就好似冬天屋檐下的冰棱。胆小的人会担心,生怕大山一个震动,钟乳石就会坠落。怎么样?是不是给人一种好似在拍冒险片的感觉呢?咱们别停下,沿着小路继续往前走。听!潺潺的水流声进入耳中,一条清澈见底的地下河流从眼前流过，河流旁边有许多的巨石，有一棵形似松树，石头"树干"粗壮茂密，上面还覆盖着白雪般细小石幔，有点"铁树银花"的韵味在里面。

水洞，它与下洞相连，它是一条古老的地下河流。瞧，在彩灯的映照下，水光一色，波光粼粼，如梦似花，就好像是瑶池仙境。你们可别小瞧了水洞，它可是有120米长呢！在河流的尽头是一座地下宫殿。

怎么样？善卷先生住的地方真是大得惊人呢！善卷洞的美景，是无法用笔墨把它完全写出来的，这里还有许许多多神奇的事物，都等着小朋友们来发现哦！

"音乐大厅"樵岭洞

大自然中有许多美妙的声音,泉水叮咚声、鸟鸣声……这些都能成为动人的乐曲。小朋友们,你们听过百鸟朝阳时的叫声吗?几百只鸟儿聚在一起,它们的鸣叫仿佛是在举行一场演唱会。如果给它们一个音乐大厅似乎就更完美了,樵岭洞就是这么一个天然的音乐大厅呢!

樵岭洞被誉为"北国第一洞"，它位于山东省淄博市博山区西南，距离博山城区大约7千米的路程。那么，樵岭洞是怎么形成的呢？其实啊，这与樵岭地区独特的地质以及历史环境有着紧密的联系。

在几亿年以前，整个鲁中南地区还是一片汪洋浅海。海中的动物死亡后，它们的尸体堆积起来，经过几千万年的沉淀，最终形成了坚硬的石灰岩。之后，该地区发生过很多次地震断裂活动，形成了一个长100米左右的断层带，樵岭洞正好就处在断层带的外侧。

后来的一段时期，气候条件突变，降雨量增多，温度也随之变高了，一条地下河悄悄形成。河水不断地冲刷断层带，最终冲刷出一个洞穴。久而久之，洞穴越来越大，经过不断的化学沉积，洞中形成了形态各样的沉积物。最终，樵岭洞变成了如今面貌。

小朋友们，目前樵岭洞的长度是在1400米左右呢！它总共分成五个大厅，每个大厅都有自己独特的景观哦！

第一大厅，其洞壁上挂满了钟乳

石，它们造型奇特，形状很像飞禽走兽。它们拥在一起，好似在嬉戏打闹呢！

第二大厅，里面有一根拔地而起的巨石，它就好像是支撑樵岭洞的柱子，又好似一个顶天立地的大英雄。在厅内的岩壁上，有许多石幔和钟乳石，犹如流水瀑布一样，奔腾而下，来势汹汹。在大厅的另一侧，有一座钟乳石形成的"凉亭"，走累的人们可以去那儿歇歇脚。因为大厅内还有一个长得像寿星一样的石笋，于是第二大厅又有"长寿厅"之称。

第三大厅就是音乐厅了。听，耳边似乎有音乐响起，这就是音乐厅的神奇之处哦！不过，为什么会有音乐呢？这个

谜团需要小朋友们自己去解开啦!

顺着第三大厅往上走,第四大厅的洞口赫然映入眼帘,整个大厅有30多米高。小朋友们,该厅又有"天宫网格"之称呢,因为里面的钟乳石、石笋、石柱数不胜数,它们琳琅满目,光彩夺目。

第五大厅是一片白色的海洋,洞里的所有沉积物都是白色的,放眼望去,仿佛进入了一个白色的世界。在灯光的照耀下,晶莹剔透的沉积物仿佛人间仙境一般,因此这个大厅得名广寒厅。

樵岭洞内还有许多有意思的景点呢!不过,大家最迫不及待的就是想去感受樵岭洞的"音乐盛宴"了吧?

北国珍宝本溪洞

辽宁省内有一处5A级风景区,它被人们用"天下奇观""世界罕见""亚洲一流"等词汇赞美着。据统计,该景区接待了120多个国家的游客呢!它就是素有"北国珍宝"之称的本溪洞。

本溪洞,洞穴总面积在3.6万平方米。它总体呈西北至东南方向延伸,整个洞穴长5800平方米,现已开发2800米。它看起来就像是一条龙的形状,曲折婉转,总共有13处大转弯呢！如果进入洞内，大家可不要走得晕头转向啊！

小朋友们，本溪洞内最吸引人的当属九曲银河洞，下面咱们就来领略一下它的魅力吧！

九曲银河洞是一个终年流水不绝的水洞，洞里的水深平均在2米左右，最深的地方能够达到7米呢！倘若掉下去，不会游泳的小朋友可就惨了！为了避免失足跌进水中，洞

内都做了安全措施!

瞧,几条游船自由地在河面上行驶观光,相互之间还不会受到影响,可见水洞之宽广。比较神奇的是,洞内一年四季温度变化不大,平均气温在10℃左右,如果在夏季进入,就好像进入了避暑山庄似的呢!

九曲银河洞内还有许多宫殿。第一宫是银河宫,宫内修建了游艇和码头,在灯光的照耀下,河水波光粼粼,就好像宇宙中的银河一般。穿过银河宫,就到了芙蓉峡洞。抬眼望去,洞顶到处都是悬挂而下的钟乳石。

芙蓉峡的尽头则是二仙宫，这里可是石笋的世界呢！各种造型奇异的石笋应有尽有，运气不错的话，或许还能遇到传说中的两位仙人呢！九曲银河洞的尽头是北极宫，顾名思义，北极宫中冷风习习，而且还有许多白色的钟乳石，看上去就像是到了雪地里一般。怎么样？是不是有一种到了北极的感觉呢？

当然啦，本溪洞内还有银波洞和蟠龙洞，里面也有许多值得观赏的景观，不过，这需要小朋友们亲自去欣赏了呢！

本溪洞内的银波洞

银波洞是水洞，它的洞长不超过70米，洞内昏暗，洞体矮小，游人们很难深入。另外，银波洞内有许多的蝙蝠，所以，它又被称为"蝙蝠洞"。比较神奇的是，这些蝙蝠是红色的，它们白天的时候都躲在洞内，悬挂在洞顶，乍一看，成千上万只的蝙蝠如玛瑙一般鲜红。银波洞内还有一条河流，河中鱼儿成群，它们主要的食物就是蝙蝠的粪便。

迷雾重重的石佛洞

小朋友们去北京旅游过吗？北京不仅是我们的首都，旅游资源也十分丰富。你们一定知道万里长城、故宫、颐和园等著名的人文景观。其实，北京城外的自然风光也十分美丽哦！北京西山地区有座幽深的峡谷，里面有龙潭瀑布，有景色如画的十渡山水，还有怪石林立、山清水秀的龙门涧。就连景色奇特的石佛洞也坐落在这里呢！

石佛洞，它是一个规模巨大的地下溶洞，这在北方地区可是非常罕见的呢！当然啦，它的发现还伴随着一段故事呢！

传说，在明代，一位叫作园广的法师在正统十一年的时候，云游到这里，并且发现了这个山洞。

洞里秀美的风光，深深吸引了园

广法师。于是,他在洞口西南侧的崖壁雕刻了"十王地藏"石像,并且在这里建立了寺庙供奉石佛。后来,他又在洞内一个大厅中雕刻了三尊"十王教主地藏王菩萨"的大理石佛像。因为该洞与佛有关,所以人们称之为"石佛洞"。

小朋友们,当我们走进石佛洞,是否真的能够感受到佛的庄严肃穆呢?带着这团疑惑,咱们去洞中感受一番吧!

石佛洞,因为洞里生长着绚丽多姿、形态各异的石花,所以又被叫作"石花洞"。经过专家考证,他们认为洞内的岩溶沉积物,其数量算是中国之首,有非常高的美学价值和科研价值。告诉你们哦,石佛洞还与桂林芦笛岩、福建玉华

洞、杭州瑶琳洞一起并称为我国的四大岩溶洞穴。

来到石佛洞，有几处不得不去游览哦！其中最著名的非云水洞莫属。

云水洞里面共有12座山峰，其中最高的是名为中天之柱的山峰，也被称做"摘星坨"，顾名思义，站在这座山峰上，感觉似乎连天上的星星都能摘下来呢！还有一个高37米的石笋，取名擎天柱，它居然和《变形金刚》中的"擎天柱"拥有同一个名字哦！当然啦，像一斗泉、望海庵、藏经阁等，这些地方也都美得让人心惊！

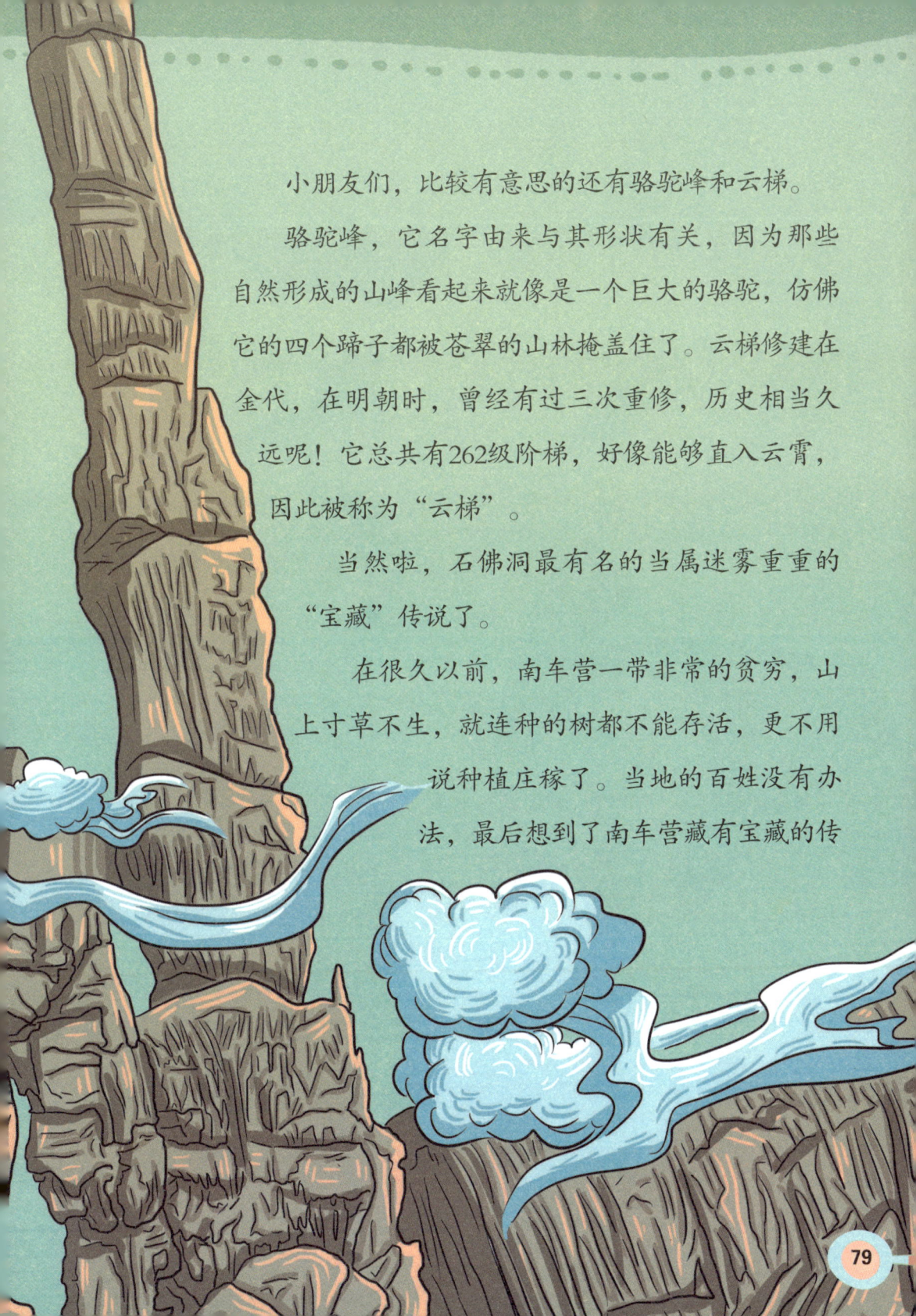

小朋友们，比较有意思的还有骆驼峰和云梯。

骆驼峰，它名字由来与其形状有关，因为那些自然形成的山峰看起来就像是一个巨大的骆驼，仿佛它的四个蹄子都被苍翠的山林掩盖住了。云梯修建在金代，在明朝时，曾经有过三次重修，历史相当久远呢！它总共有262级阶梯，好像能够直入云霄，因此被称为"云梯"。

当然啦，石佛洞最有名的当属迷雾重重的"宝藏"传说了。

在很久以前，南车营一带非常的贫穷，山上寸草不生，就连种的树都不能存活，更不用说种植庄稼了。当地的百姓没有办法，最后想到了南车营藏有宝藏的传说。村民们约定，谁能够找到宝藏，谁就是全村的头领。他们找来找去，几乎把整个大房山麓给翻遍了，也没有找到任何的宝藏。正当乡亲们感到绝望的时候，一个村民却在石花洞里找到了线索。他在石花洞的岩缝下面听到了铜钱掉落下来的声音，村民喜极而泣，抱头痛哭，因为他们再也不用搬离故土了。

当然，这只是美好的传说，这里真正的宝藏其实是风景秀丽的石花宝洞。因为它每年都会吸引着大批的游客，成为了名副其实的"钱库"。

洞中一天、世上百年的张公洞

传说，在神仙的世界里有着天上过一天，地上已一年的说法！当然，这是人们杜撰出来的，真真假假无从说起！不过在现实当中，的确有着"洞中一天、世上百年"的地方。小朋友们，你们知道这说的是哪儿吗？它就是张公洞。

张公洞位于宜兴市西南方向约20千米处的孟峰山麓,它也是该市的"三奇"之一呢!小朋友们,张公洞又被人们称为"庚桑洞",而这一名字的由来,则和八仙之一的张果老有关系哦!

相传,张果老还没有成仙时,他曾在朝为官,后来,因为受到其他官员的排挤,只好辞官回家。在途中,他遇到了一位美丽的姑娘,姑娘正在摘棉花。张果老和姑娘几句闲聊下来,觉得姑娘十分大方。于是,他的话越说越过分,想要姑娘做自己的老婆,并且承诺给姑娘一辈子的荣华富贵!

谁知,那姑娘一点也不好惹。她怒喝道:"你这老头一点也不知道羞耻,我才不要你的荣华富贵呢!我的父亲是张果老,他也在朝廷做官,而我的娘亲怎么就没享点儿福呢!"

张果老听后才知道,原来这姑娘是自己的亲生女儿,顿时觉得羞愧万分,最后便躲到深山的洞中去修炼了。后来,

他改邪归正,得道成仙,而他住的山洞则被人们称为"张公洞"。

小朋友们,故事讲完了,你们是不是也觉得张果老很糊涂呢?接下来,就让我们一起去参观一下素有"江南第一古迹"之誉的张公洞吧!

大家都知道,《西游记》的孙悟空有七十二变,而张公洞一点也不差哦,因为它具有72个大小洞穴。游人们用"洞中有洞,洞洞相连,洞洞不同,洞洞有奇"这16个字来形容它,并且,每个洞内的温度又不相同,于是便又有了"海内奇观"之称。

　　进入洞内,首先看到的便是嶙峋怪石,里面有石乳、石柱子、石幔、石花等,这些石头琳琅满目,造型多变,就好像是一个石头博物馆。接着往里走,瞧,空气中隐约朦胧,好似烟雾缭绕,其实,这儿就是海王厅了,又被称为"天蓬大场",它可是张公洞的精华所在哦。不过这儿和"天蓬元帅"猪八戒可没有关系!

　　以海王厅内的天师台为中心,周围还有朝天洞、地道

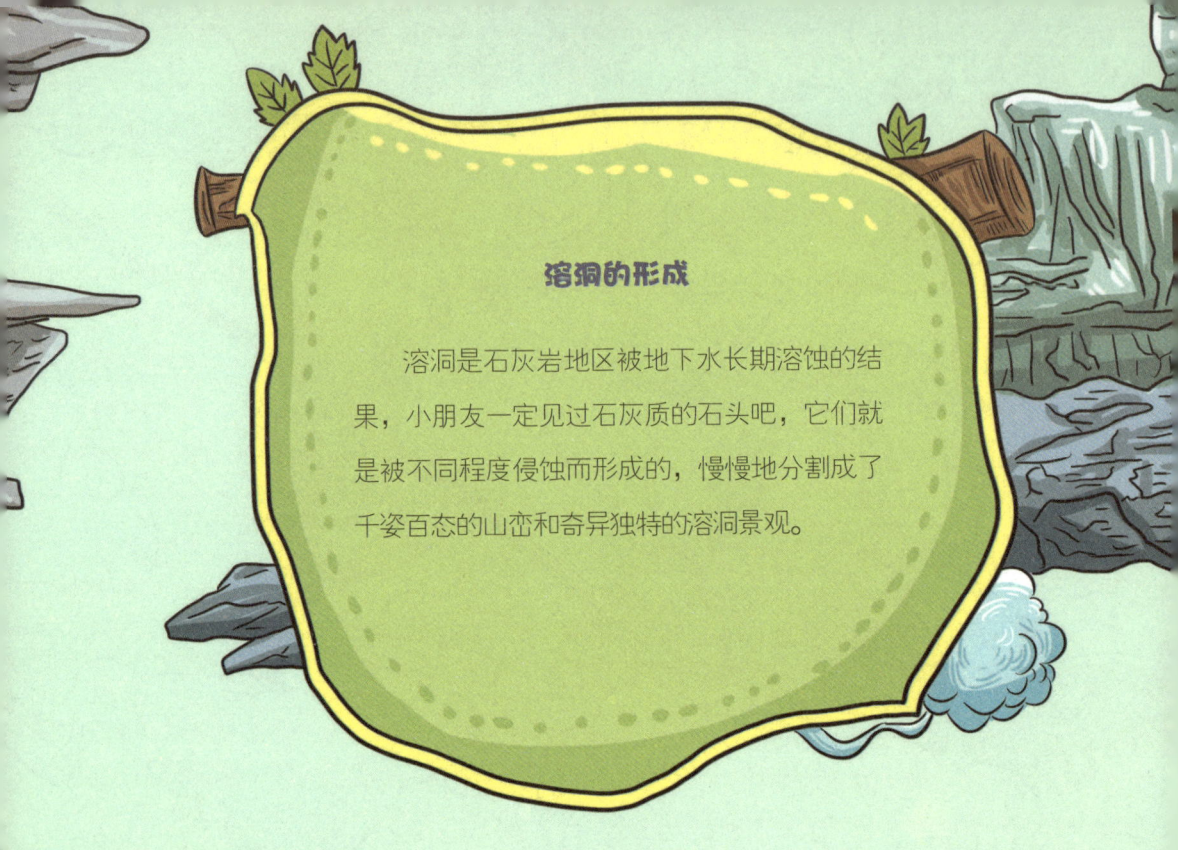

溶洞的形成

溶洞是石灰岩地区被地下水长期溶蚀的结果，小朋友一定见过石灰质的石头吧，它们就是被不同程度侵蚀而形成的，慢慢地分割成了千姿百态的山峦和奇异独特的溶洞景观。

洞、七巧洞、棋盘洞、一线曙光洞等。怎么样？光是听着这些奇妙的名字，是不是就有一种想立马前往，一探其真面目的冲动呢？另外，再偷偷告诉你们，张公洞可是道教"七十二福地"中的第五十八福地呢！

小朋友们，张公洞内的美景，可都是大自然的独特产物呢！里面还有许多巧夺天工的景色等着大家去探究哦！

"水晶宫殿"灵谷洞

在童话故事中,公主们都是住在水晶宫的,宫殿内有着各种各样漂亮的装饰品,还有守护宫殿和公主们的骑士,想想就让人羡慕。其实,在现实中也有水晶宫殿哦,它就是大自然塑造出来的宜兴"三奇"之一的灵谷洞。

灵谷洞位于宜兴市西南方向,距离市区大约30千米,它离张公洞可只有6千米哦!历来就有着"灵谷天府"美称的灵谷洞，它是被谁发现的呢？

据说，在唐朝时期有个著名的诗人叫陆龟蒙，他出生在官僚世家，自己却以农为业，他是个喜欢喝茶的人，灵谷洞就是他在找寻茶叶的时候发现的。陆龟蒙发现灵谷洞后，他曾经雇人来开挖，但是因工程太过巨大和艰难而停止了，最后不得不留下"龟蒙先生志未酬，唐宋至今未穿心"的遗憾了。

到了宋朝，也有陆陆续续的人开挖，久而久之，灵谷洞就诞生了，越来越多的人进入洞内游玩，才使得它没有被历史完全湮没。小朋友们，如果在洞内仔细观察，或许还能看到

宋、元、明、清时期的游人们的遗墨呢!

那么,灵谷洞内还有哪些奇美异景值得古人们流连忘返呢?

先从洞口说起吧,灵谷洞的洞口十分隐秘,被翠绿的树林包围着,而入洞的通道更为险峻,它不仅曲折幽邃,而且越入内就越大。进入洞内,首先看到的就是"天桥",它就好像被架在了空中一样。另外,洞中有六个石厅,每个石厅都极具特色哦!

走过天桥,第一石厅映入眼帘,它给人一种仿佛走入了

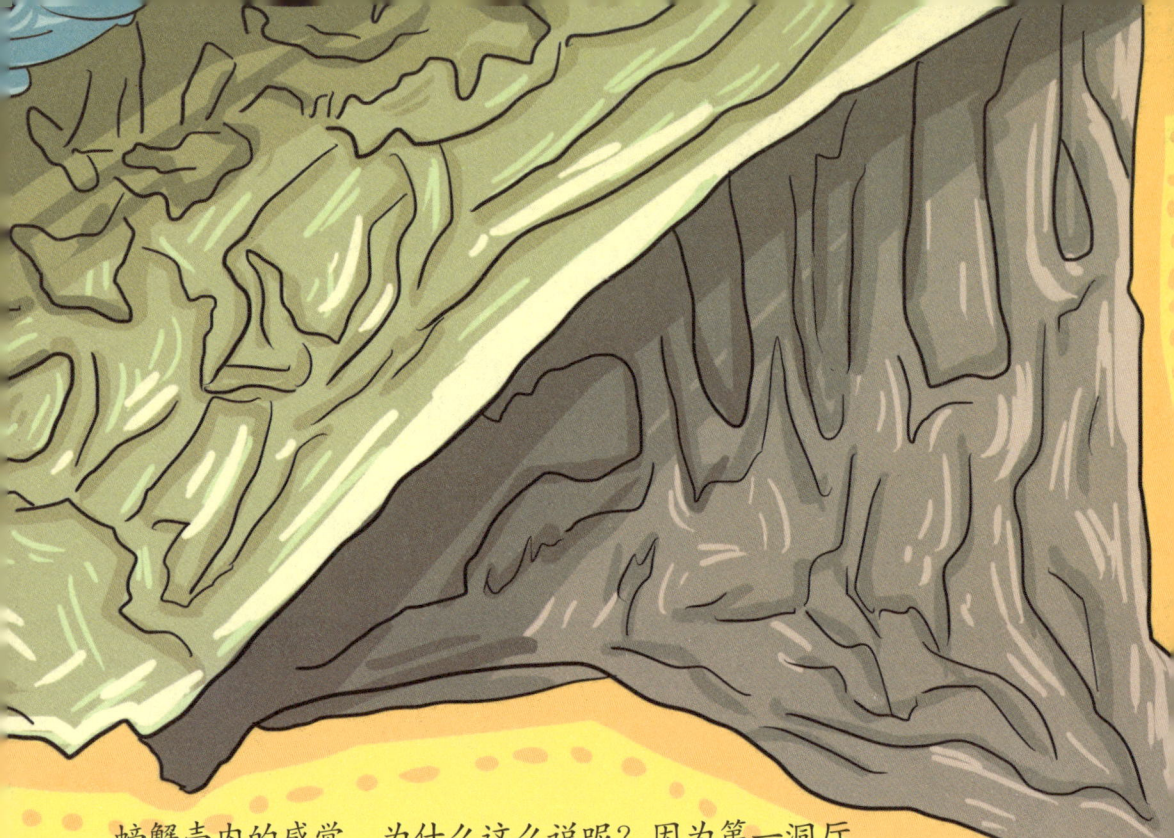

螃蟹壳内的感觉。为什么这么说呢？因为第一洞厅的面积很小，两边又有很多的洞口，洞中套洞，好似螃蟹的腿儿，所以，它又被赋予了一个形象有趣的名字——"蟹洞"。

接着就是布局严谨、玲珑小巧的第二石厅了。瞧，厅中有许多的钟乳石，它们层次分明，颜色不一，有鲜艳的，有纯朴的，就好像洞中的小精灵一般。另外，石厅内还有流水、波涛、雪山、飞云等景观，看起来瑰丽异常。

在六个洞厅中，最大的当属第三石厅。这个石厅有许多倒挂错落的巨岩，有的像摇摇欲坠的山峰，有的像险峻的悬崖，有的像动物，有的像仙人……在石厅的壁上有一处奇观，恍若从天而降的五条河水相汇聚，河水异常清澈。当然了，这么清澈的河水，这么大的场地，自然是不能浪费的。偷偷告诉你们哦，相传这儿可是灵谷仙姑沐浴的地方呢！

第四石厅的景色最为优美，它是灵谷洞的精华所在！因为石厅内有一道飞流直下的瀑布，就好像姑娘们的头发一般顺滑。

如果公主们要在六个石厅内选宫殿，那么她们一定会选择第五石厅，因为这个石厅又称"水晶宫"啊！瞧，

  那些闪着亮光的钟乳石，像极了夜空中会说话的星星，还有那形态各异的石笋，就像一个个守护着宫殿的天神。

  第六石厅最庞大的就是穹顶了，站在地面上，就会觉得自己太渺小了。除此之外，还有那千奇百怪的钟乳石，怎是用"奇妙"二字能说得尽的！

  灵谷洞的奇，不仅因为它的美景，还有它给人们展现的不同想象。小朋友们，"水晶宫殿"灵谷洞十分欢迎你们去做客哦！

中国最深的双河溶洞

贵州是一个旅游资源十分丰富的省份,这里山清水秀,人杰地灵。小朋友们,当地有个双河溶洞景区,它可是被评选为"全中国最值得去的50个地方"之一呢!那么,它有哪些值得人们瞩目的地方呢?

双河溶洞位于遵义市绥阳县北部的桂花村和铜鼓村境内,靠近原始森林自然保护区。如同它的名字一般,洞外有

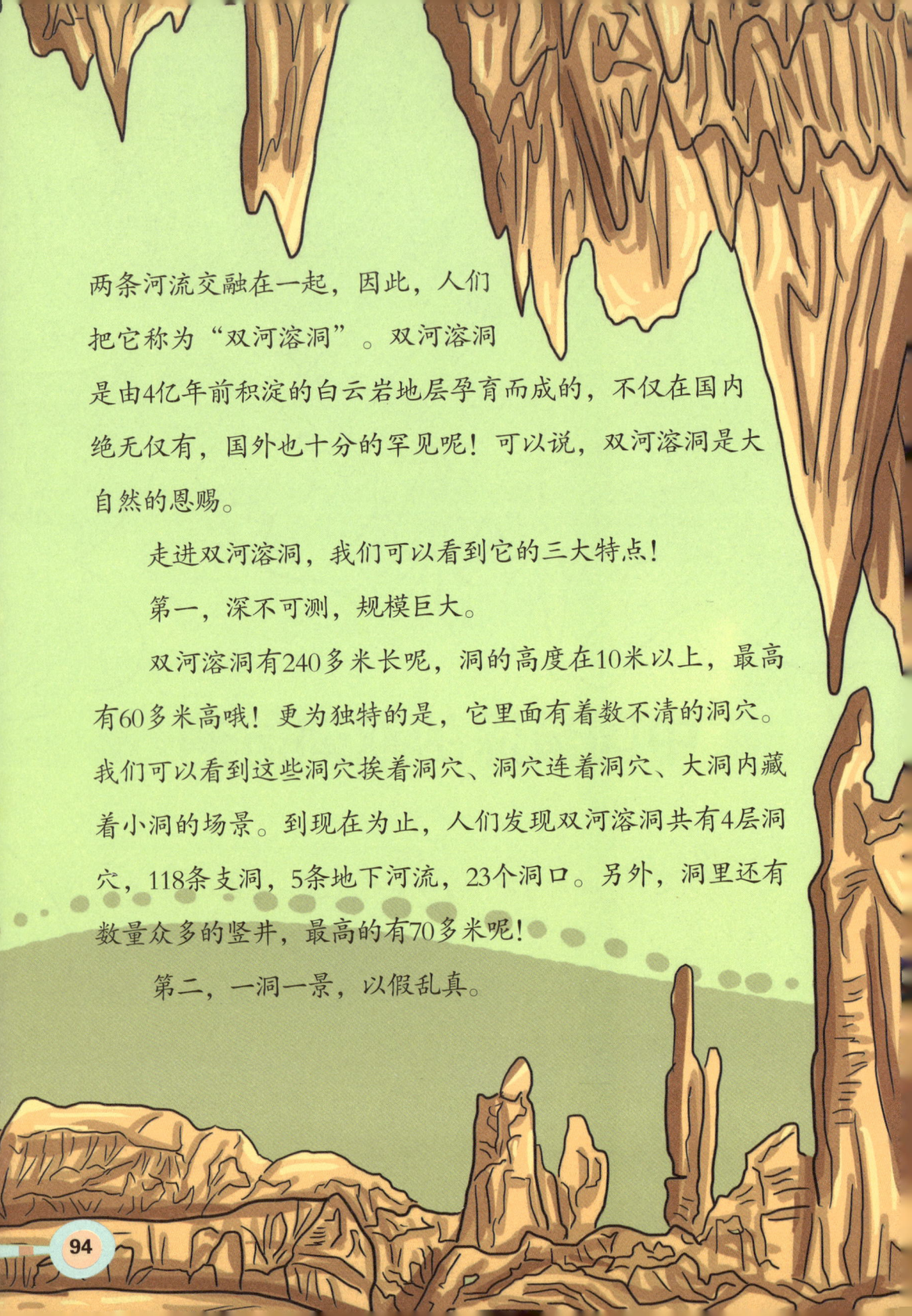

两条河流交融在一起，因此，人们把它称为"双河溶洞"。双河溶洞是由4亿年前积淀的白云岩地层孕育而成的，不仅在国内绝无仅有，国外也十分的罕见呢！可以说，双河溶洞是大自然的恩赐。

走进双河溶洞，我们可以看到它的三大特点！

第一，深不可测，规模巨大。

双河溶洞有240多米长呢，洞的高度在10米以上，最高有60多米高哦！更为独特的是，它里面有着数不清的洞穴。我们可以看到这些洞穴挨着洞穴、洞穴连着洞穴、大洞内藏着小洞的场景。到现在为止，人们发现双河溶洞共有4层洞穴，118条支洞，5条地下河流，23个洞口。另外，洞里还有数量众多的竖井，最高的有70多米呢！

第二，一洞一景，以假乱真。

双河溶洞内十分复杂多变,并且大得惊人,就好像一张巨型的蜘蛛网!那么,它有哪些独立的洞穴呢?而这些洞穴内又有哪些神奇之处?

双河溶洞内有两种洞穴,分别是水洞和旱洞。最为神奇的是深藏在双河溶洞群中间部位的石膏晶花洞,该洞穴总共有13千米长,有着3万多平方米的石膏沉积物,可以说,这是个相当庞大的数量。瞧,洞穴的四壁几乎都被雪白色的石膏晶体所覆盖,十分的美丽壮观。那些美丽的晶体构成了一幅百花争艳图,有"牡丹"、有

"百合"、有"玉兰"……花间还有翩翩起舞的"蝴蝶"呢!

比较特别的是石膏洞里面有一处"葡萄沟",看着倒挂在墙上的一颗颗晶莹透亮的石葡萄,会让人有一种禁不住想咬上一口的冲动。走过"葡萄沟",漂亮的"荷花池"映入眼帘。在一汪清泉中,一朵朵石荷花伫立着,石荷花还生长着栩栩如生的根须呢。小朋友们,荷花池真的可以做到以假乱真的效果呢!

第三,瀑布众多。

双河溶洞的洞穴内还有许多悬挂着

的瀑布，这些瀑布形态不一，有地上的，还有地下的，有季节性流淌的，还有终年不断流淌的，还有几十条瀑布汇聚在一起流淌的……当然啦，在洞中深不见底的地方还有许多条"大鱼"，它们在游客的面前跳跃嬉戏，让原本静态的景色更显生动，不过可惜的是，这些鱼儿都是石头的呢！

小朋友们，双河溶洞的特点还有许多，它的神奇之处还有待被人们继续挖掘。

世界上最大的自然水晶洞

水晶，它拥有世界上独一无二的光芒，用它制成的饰品，受到了很多人的喜爱。不过，你们看过一屋子的水晶吗？奈卡水晶洞就是一个天然形成的水晶洞穴，而且还是世界上最大的自然水晶洞穴呢！小朋友们，想起那琳琅满目的水晶，你们是不是浑身都热血沸腾呢？

奈卡水晶洞位于墨西哥奇瓦瓦沙漠的地下深处，那么，这个水晶洞究竟是如何形成的呢？

在大约2600万年以前，奈卡水晶洞就

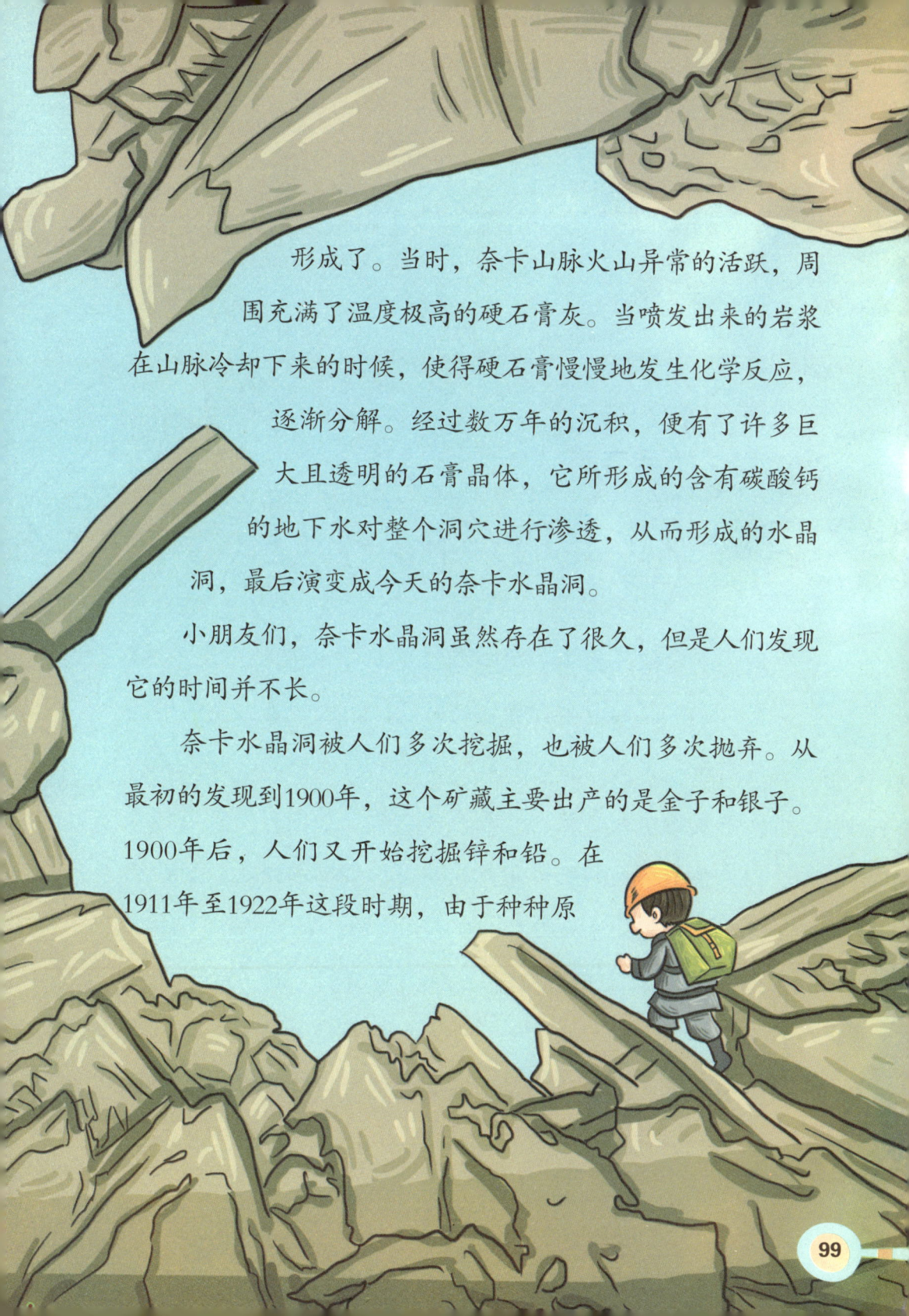

形成了。当时，奈卡山脉火山异常的活跃，周围充满了温度极高的硬石膏灰。当喷发出来的岩浆在山脉冷却下来的时候，使得硬石膏慢慢地发生化学反应，逐渐分解。经过数万年的沉积，便有了许多巨大且透明的石膏晶体，它所形成的含有碳酸钙的地下水对整个洞穴进行渗透，从而形成的水晶洞，最后演变成今天的奈卡水晶洞。

小朋友们，奈卡水晶洞虽然存在了很久，但是人们发现它的时间并不长。

奈卡水晶洞被人们多次挖掘，也被人们多次抛弃。从最初的发现到1900年，这个矿藏主要出产的是金子和银子。1900年后，人们又开始挖掘锌和铅。在1911年至1922年这段时期，由于种种原

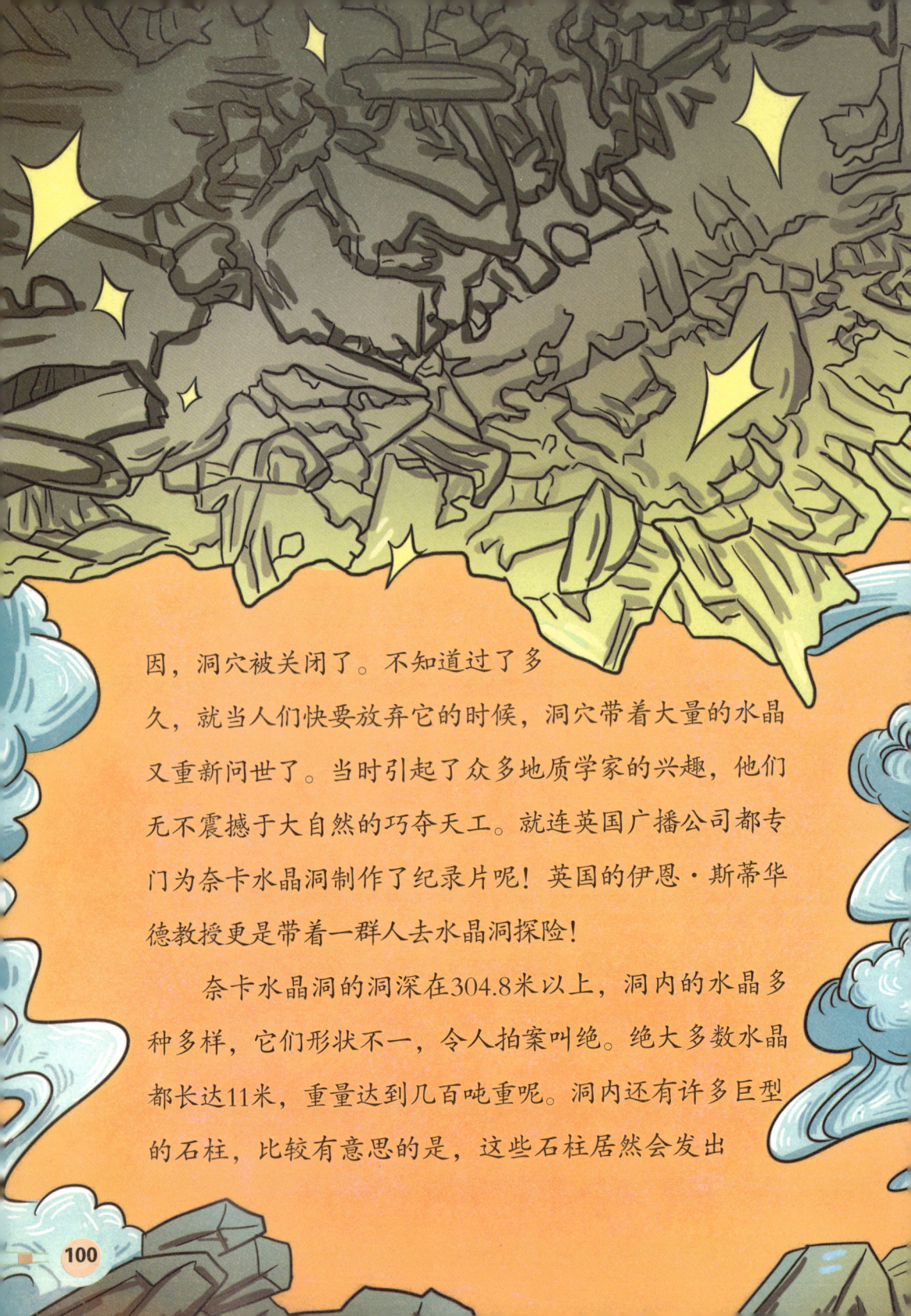

因,洞穴被关闭了。不知道过了多久,就当人们快要放弃它的时候,洞穴带着大量的水晶又重新问世了。当时引起了众多地质学家的兴趣,他们无不震撼于大自然的巧夺天工。就连英国广播公司都专门为奈卡水晶洞制作了纪录片呢!英国的伊恩·斯蒂华德教授更是带着一群人去水晶洞探险!

奈卡水晶洞的洞深在304.8米以上,洞内的水晶多种多样,它们形状不一,令人拍案叫绝。绝大多数水晶都长达11米,重量达到几百吨重呢。洞内还有许多巨型的石柱,比较有意思的是,这些石柱居然会发出耀眼的光芒呢!乍一看,它们又像是松树一般,挺拔地伫立着,散发着半透明的金色和银色的光芒。

告诉你们哦,想去奈卡水晶洞中游览可是一件不容易的事。为什么这么说呢?主要有两个原因。

首先,温度很高。水晶洞内的温度能够达到50℃以上,同时内部湿度也很高,这样的条件不适宜人类的活

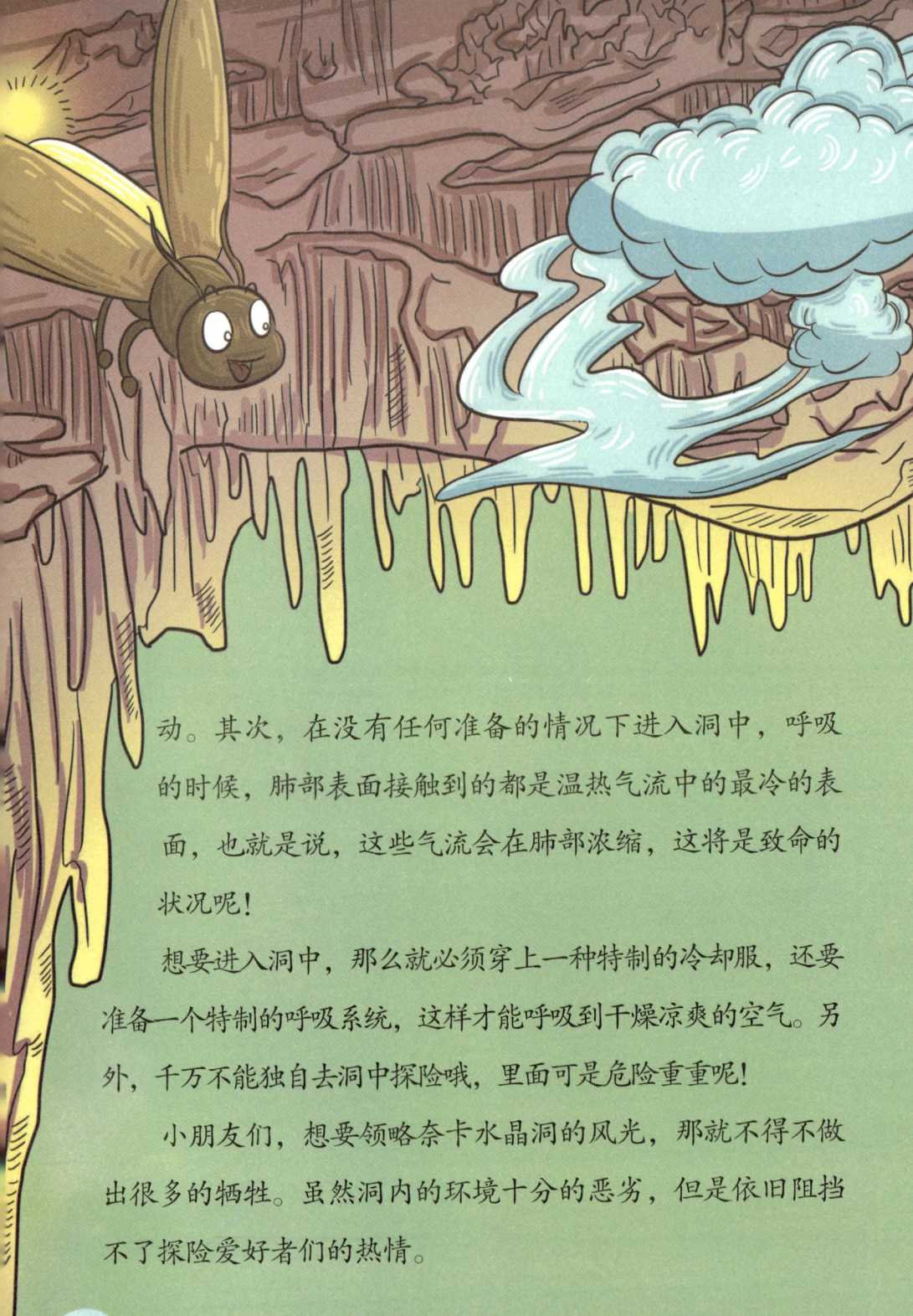

动。其次，在没有任何准备的情况下进入洞中，呼吸的时候，肺部表面接触到的都是温热气流中的最冷的表面，也就是说，这些气流会在肺部浓缩，这将是致命的状况呢！

想要进入洞中，那么就必须穿上一种特制的冷却服，还要准备一个特制的呼吸系统，这样才能呼吸到干燥凉爽的空气。另外，千万不能独自去洞中探险哦，里面可是危险重重呢！

小朋友们，想要领略奈卡水晶洞的风光，那就不得不做出很多的牺牲。虽然洞内的环境十分的恶劣，但是依旧阻挡不了探险爱好者们的热情。

萤火虫最喜欢的怀托摩萤火虫洞

小朋友们，你们喜欢萤火虫吗？这种小昆虫十分神奇，它们靠着尾部的"灯光"可以点亮夜空呢！在盛夏的夜晚，有了萤火虫的点缀，仿佛连酷热都减少了几分。不过，现在的萤火虫越来越少了，在城市中，几乎都看不见它们了。那么，这些萤火虫都去了哪儿呢？原来啊，它们飞到了怀托摩

103

萤火虫洞去了，瞧，洞中一闪一闪的都是萤火虫呦！

新西兰的怀卡托有一处著名的地下溶洞，名字叫"怀托摩洞"，又被称为"萤火虫洞"。该洞在3000多万年前就形成了呢！由于地壳运动，海洋底层不断向上堆积，最后挤压形成了如今的模样。

"怀托摩"在毛利语中的意思是绿水环绕。顾名思义，该洞依山傍水，景色诱人。小朋友们，它的发现和萤火虫有直接的关系哦！

据说，在1887年的时候，一名英国的测绘师在毛利人酋长的陪同下，乘着竹筏，手持火把到现在的洞穴处考察。在洞里，他发现了成千上万的发光体，令人不可思议的是，这些发光体居然是萤火虫的幼虫。它们聚在一起，成为洞中一道非常奇妙的风景线。从此以后，来这里的游人络绎不绝，怀托摩萤火虫洞在世界上的知名度也越来越高。直到该洞被发现100多年后，其所有权才重新回到了毛利人手中。

小朋友们，如果你们想去探险，那么怀托摩萤火虫洞地区一定是一个绝佳场所，该洞内有几百个洞穴，基本上都是由地下溪流冲击石灰岩形成的，并且，洞穴中有着数量惊人的钟乳石。到洞中游玩的话，有好几处地方

不能错过哦!

最为吸引人的当属万珠映镜。沿着石阶进入洞中,登上小船后,起初会进入一片伸手不见五指的黑暗世界。坚持一小会儿之后,就会发现黑暗的水面上突然飘来了点点"星光",这些光亮来自萤火虫的尾巴呢!它们的光芒仿佛组成的一条河流,河流在头顶缓缓流淌着,十分轻柔,又给人一种置身银河的错觉。瞧,这一颗颗的"星星"倒映在水面,如同万珠映镜,十分的美丽动人呢!

最为有趣的就是萤光耀眼了。顺着钟

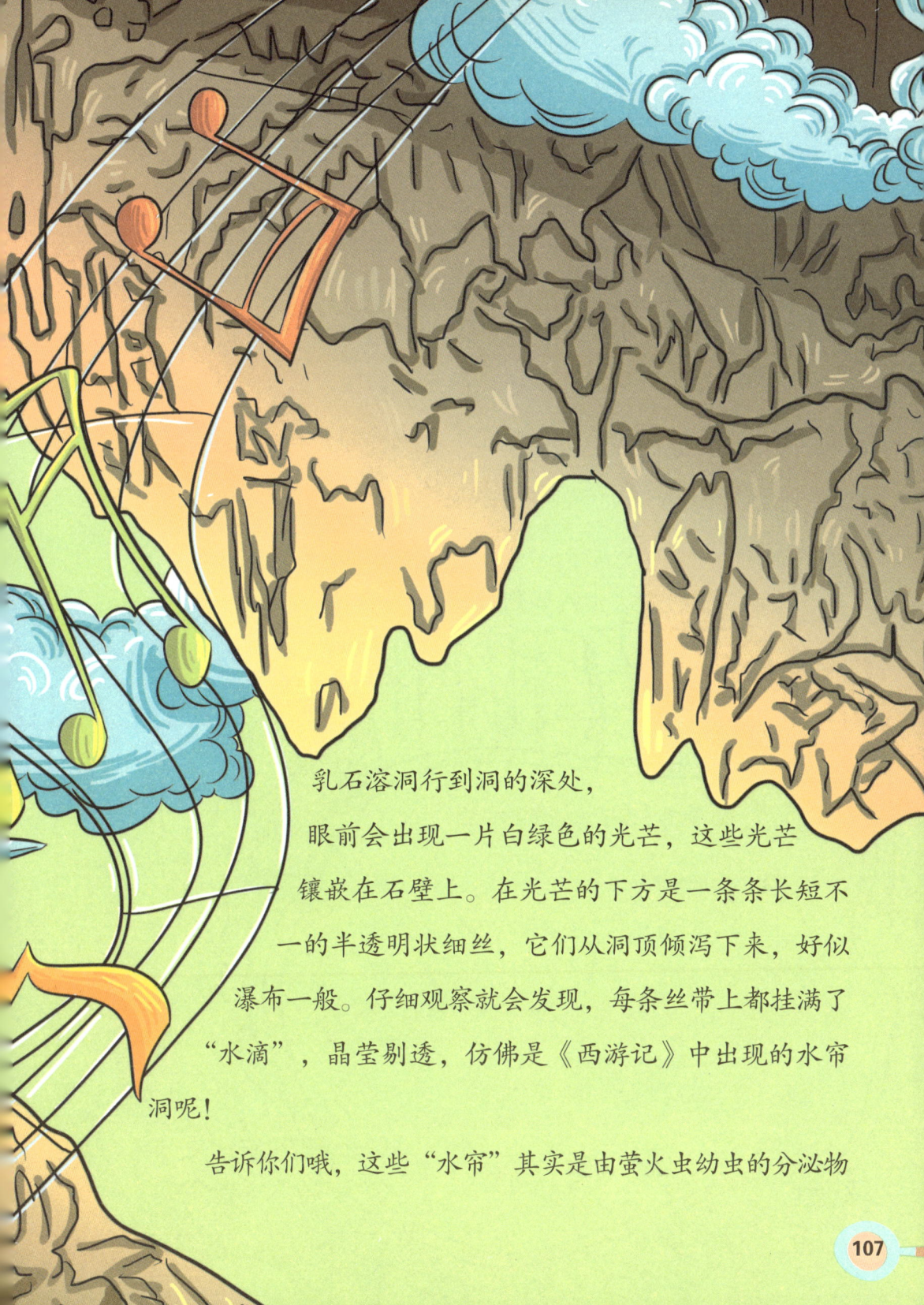

乳石溶洞行到洞的深处，眼前会出现一片白绿色的光芒，这些光芒镶嵌在石壁上。在光芒的下方是一条条长短不一的半透明状细丝，它们从洞顶倾泻下来，好似瀑布一般。仔细观察就会发现，每条丝带上都挂满了"水滴"，晶莹剔透，仿佛是《西游记》中出现的水帘洞呢！

告诉你们哦，这些"水帘"其实是由萤火虫幼虫的分泌物形成的。洞中的萤火虫就是靠着这些晶莹透亮的细丝捕捉昆虫的呢!

这里的萤火虫与其他地方的萤火虫都不相同,它们十分娇气,对环境的要求十分严格,遇到强烈的光线和刺耳的声音,它们就无法继续生存下去。成年后的萤火虫是没有嘴巴的,它们没有办法吃东西,只能不断地产卵,在筋疲力尽的那一刻,它们就会选择撞向幼虫的丝网,成为幼虫们继续成长的食物。

小朋友们,萤火虫妈妈们的爱是不是很伟大呢?

参观怀托摩萤火虫洞的禁忌

不能随意触摸钟乳石和石笋,据说会破坏其组成结构;其次,在洞内必须保持安静,特别在乘船观看萤火虫时,如果大声说话的话,就会破坏洞内的生态环境;最后就是为了游客们的安全,全程禁止照相以及录像,避免在潮湿黑暗的洞穴中发生意外。

壮丽的芬格洞穴

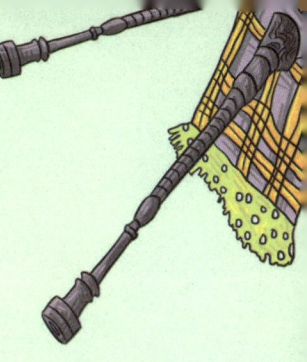

大自然就像是马良的神笔,只要挥一挥笔杆,一幅幅精美的景色图画就出现了。小朋友们仔细想想,咱们见到的美景,绝大多数都在偏远的地方,而许多造型奇特的洞穴,它们甚至都藏在无人问津的地方。芬格洞穴,它就是一处令人充满幻想的洞穴,它是"世界上最美的十大洞穴"之一,同时也是最为神秘的教堂洞穴。

在欧洲,教堂

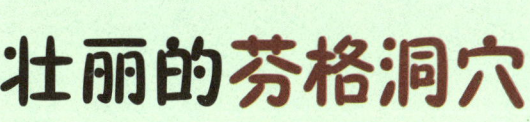

是人们心目中最神圣的地方,可是芬格洞穴为什么会被称为"教堂洞穴"呢?带着这样一个疑问,让咱们一一去探索下吧!看看芬格洞穴究竟有怎样的魔力!

芬格洞穴坐落在苏格兰无人居住的斯塔法岛上,18世纪的时候,苏格兰诗人詹姆斯·麦克佛森发现了它,并为它命名。

小朋友们,这是一个十分有趣且特别的海上洞穴哦,为什么这么说呢?

首先,洞穴的一部分露在海面上,另外一部分和海平面齐

平，就像是一个悬浮的小岛屿。其次，该洞穴由海水侵蚀形成的，但探索它的历史，大家会发现，它的形成又和火山活动有关呢！所以，芬格洞穴也是一座由于火山活动而形成的天然溶洞，火山活动造就了它与众不同的外貌。

芬格洞穴的四周都是海洋，那么它有哪些看点呢？

走进洞穴，里面数目最多的就是柱子，这些柱子都是巨大的玄武岩形成的。它们形状不一，有的为五棱柱，有的为六棱柱，有的甚至有更多的棱。当然啦，有的形状很不规则，有的像飞禽，有的如走兽，还有的和爱尔兰的神秘"巨人"十分的相似呢！

越往里走,耳边奇特古怪的声响就越大,这些声音是从洞内拱形的顶部会发出的。小朋友们不要害怕,其实这是由于海水拍打洞穴外的岩石造成的呢!它的声响与教堂内的钟声十分相似,所以,人们也把它称为"世界上最像教堂的洞穴"。

小朋友们,每年的五六月是芬格洞穴旅游的最佳时节,那时候百花齐放,万紫千红,而且温度也非常适宜。在花朵的陪伴下畅游芬格洞穴,是不是显得别有一番风味呢?

"理想军营" 阿里·萨德尔岩洞

我们看过很多壮丽的风景，也去过许多漂亮的地方，有威武的高山、有壮丽的平原、有美丽的原始森林、还有奇妙的海底世界……不过，你们在洞穴中探险过吗？如果没有的话，世界上最美丽的十大洞穴之一——阿里·萨德尔岩洞，

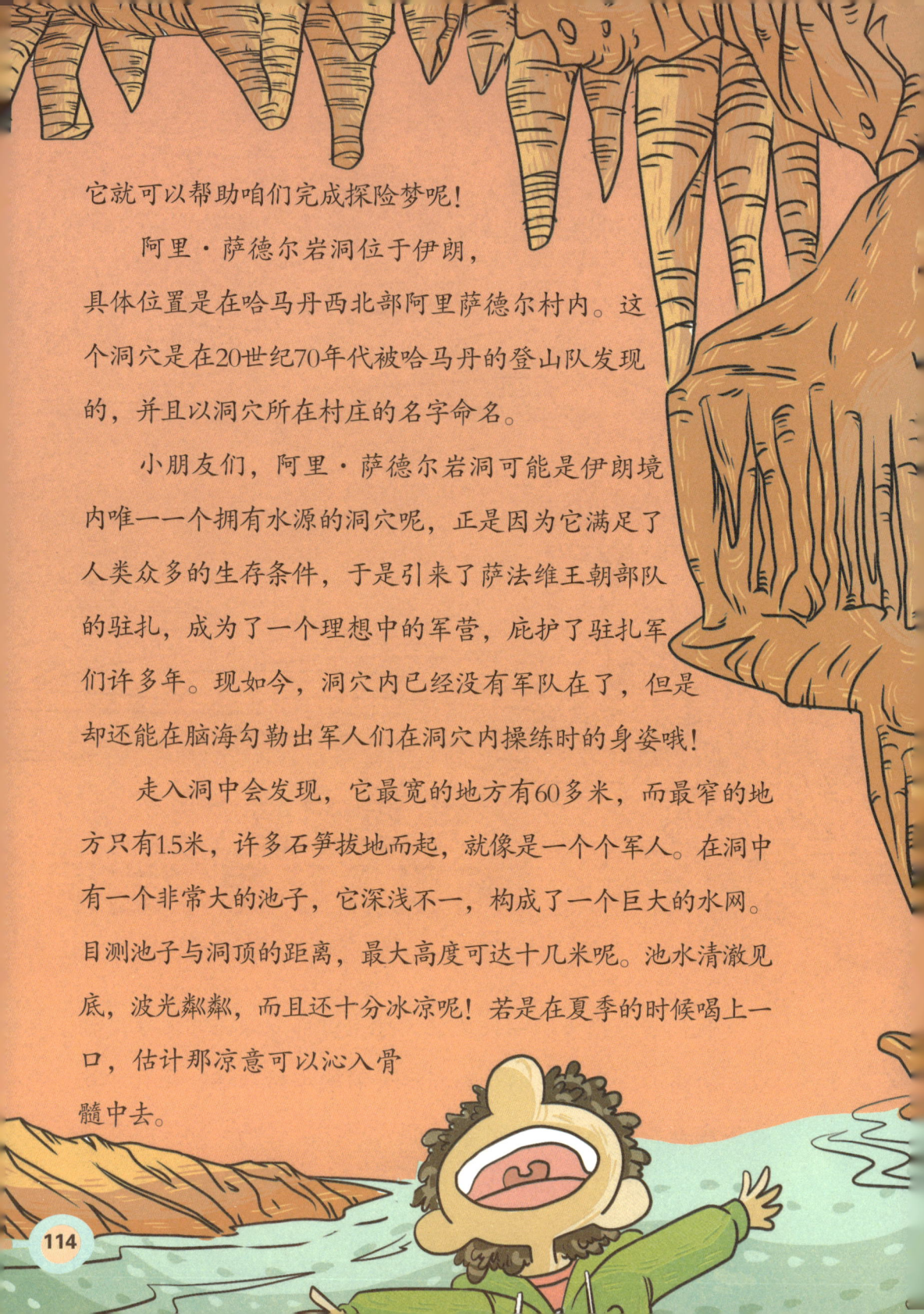

它就可以帮助咱们完成探险梦呢!

阿里·萨德尔岩洞位于伊朗,具体位置是在哈马丹西北部阿里萨德尔村内。这个洞穴是在20世纪70年代被哈马丹的登山队发现的,并且以洞穴所在村庄的名字命名。

小朋友们,阿里·萨德尔岩洞可能是伊朗境内唯一一个拥有水源的洞穴呢,正是因为它满足了人类众多的生存条件,于是引来了萨法维王朝部队的驻扎,成为了一个理想中的军营,庇护了驻扎军们许多年。现如今,洞穴内已经没有军队在了,但是却还能在脑海勾勒出军人们在洞穴内操练时的身姿哦!

走入洞中会发现,它最宽的地方有60多米,而最窄的地方只有1.5米,许多石笋拔地而起,就像是一个个军人。在洞中有一个非常大的池子,它深浅不一,构成了一个巨大的水网。目测池子与洞顶的距离,最大高度可达十几米呢。池水清澈见底,波光粼粼,而且还十分冰凉呢!若是在夏季的时候喝上一口,估计那凉意可以沁入骨髓中去。

瞧，洞顶上悬挂着许多外形奇特的钟乳石，它们就像是一棵棵白菜一样整整齐齐地种在田地里呢！由于水蒸气的缘故，"白菜"上还有水渍，看上去更加鲜嫩可口了！

小朋友们，岩洞里面有些地方非常干燥，就像是一个小型的岛屿一样。想要见识它的全部面貌，这还得靠人们继续去勘探呢！

阿里·萨德尔岩洞中的萨法维王朝军队

萨法维王朝，在1501年到1736年期间统治伊朗。在这期间，伊朗处在一个内忧外患的环境中，为了保证萨法维王朝的统治，当时的国王在很多地方都驻扎了军队。而阿里·萨德尔岩洞中的萨法维王朝军队则是王朝最后的保护屏障。驻扎在这里的军队都是国王的嫡系部队，担负着保护国家安全的重大使命。

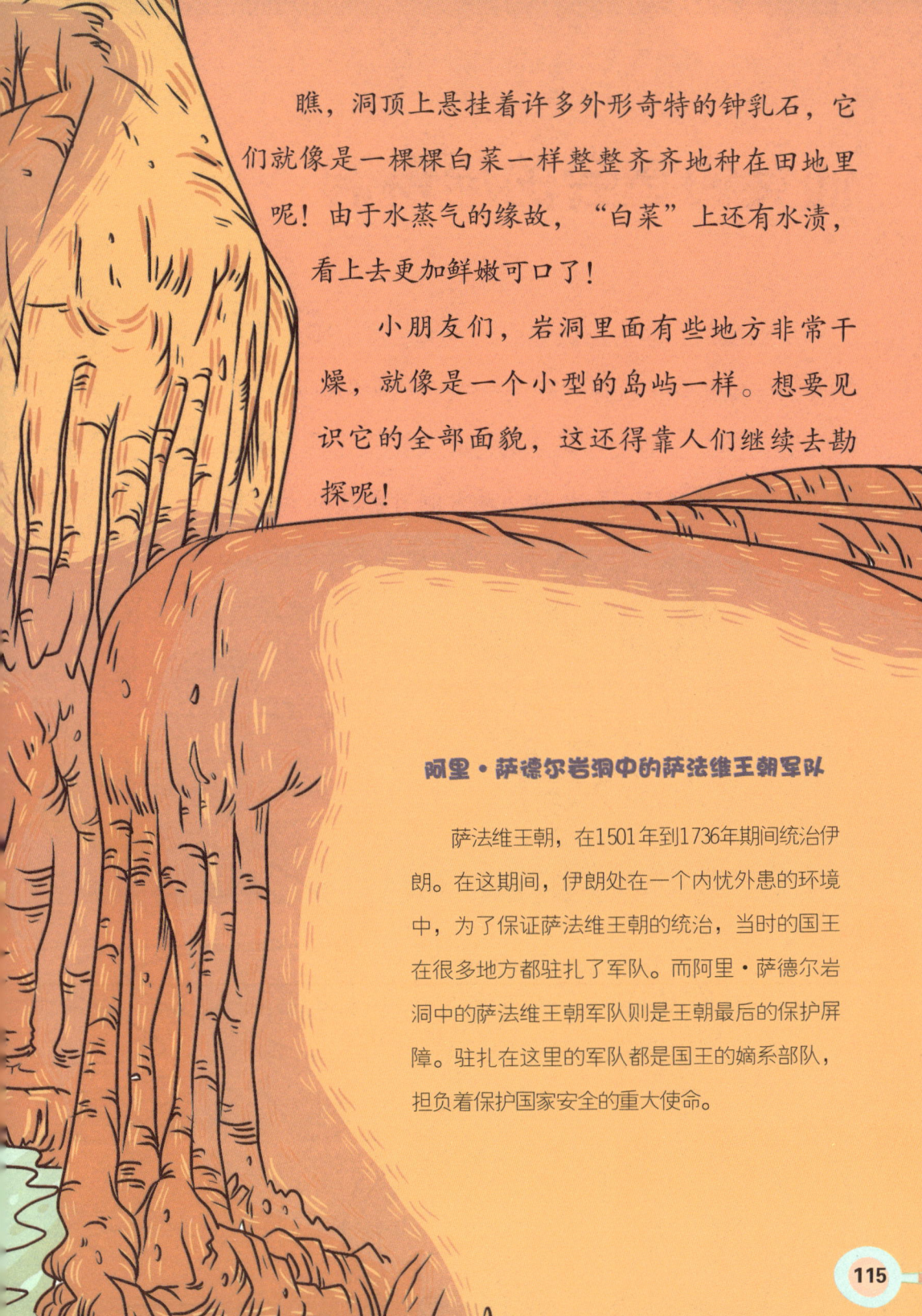

仙女们集会的瑶琳洞

小朋友们,你们应该都看过《宝莲灯》吧?在天宫中,仙女们翩翩起舞,就像是精灵一般。仙女们都是美丽与善良的化身。那么,仙女们集会的地方是不是也异常美丽呢?素有"瑶琳仙境"之称的瑶琳洞可就是仙女们集会的地方哦。下面就让我们一起走进瑶琳洞,也

许还会发现偷偷下凡的仙女呢!

瑶琳洞位于浙江省桐庐县内的猴岭山麓。小朋友们,它可是比素有"水晶宫"之称的灵谷洞还多出一个大厅,它总共有七个大厅,单是主洞就长约1千米,是不是极为奇异壮观呢!

听,耳边是否有一阵流水潺潺声?随着声音,咱们进入"仙女集会"的第一洞厅。首先映入眼帘的

是一道天然的屏风门——"狮象迎宾"。它看起来极为宏伟,只见左边一头雄狮,右边一群长鼻大象,好像在恭迎远道而来的客人,又好似在守护着洞穴的秩序。咱们别停下,走进去,再看那洞厅中央的池子,上面雾气缭绕,仿佛给人到了瑶池的错觉,只见一条巨大的石头鲤鱼正从"瑶池"内欢腾跃起,还真有"鲤鱼跳龙门"的架势呢!瞧,在池子旁边还有仙女舞袖的"广寒舞台",这让人不禁想起了月亮里的嫦娥仙子!

前往第二大厅,必须越过曲曲折折的山路。小朋

友们，第二洞厅是最能够令人心情愉悦的哦！洞厅内有一根石笋，它看起来很像白胡子老翁在悠然地钓鱼呢！有人说，这个老翁是姜太公，又有人说是严子陵。人们的种种猜测，给瑶琳洞铺上了一层神秘的色彩，究竟是谁在垂钓，小朋友们都可以去一探究竟哦！

穿过第二洞厅，我们就来到了占地面积最大的第三洞厅了。快看，那素有"三十三重天"之称的石笋群，层层叠叠，随着人们不同的观察与想

象，它们的造型就各有不同呢！它们一会儿似一朵朵娇艳的五彩花，一会儿又像孔雀开屏。这番景象，怎么能用一个"妙"字说得清楚啊！

　　第四大厅就像是一个"石林迷宫"。首先迎面而来的是有着"瑶琳玉峰"之称的石笋了，它就像是一位手捧鲜花的女神，仔细闻闻空气，仿佛还能闻到迷人的花香呢！小朋友们，这位美丽的"女神"可是瑶琳洞的瑰宝，也是重要的标志呢！怎么样？是不是很想去那里看看她呢？当然啦，这里还有一根被称为"擎天玉柱"的石

柱,看上去还颇有"力拔山兮气盖世"的气势呢!

余下的几个洞厅也不差哦!比如,里面有造型多样的石笋,它们有的像山、有的像树林,就像是一个神话般的世界。洞厅内还展现了将近20个中国神话故事,这些都是人工布置出来的,在灯光的照射下,效果十分神奇!瑶琳洞不仅景色宜人,而且还有极高的历史价值。考古学家们在洞内发现了犀牛牙齿化石、隋唐时期的木炭题字等,这些为我们国家的考古研究做出了巨大的贡献呢!

瑶琳洞真的是一个奇异无比的洞天世界,它的神奇为人们的想象提供了广阔的天地。小朋友们,你们是不是也为它的神奇而折服了呢?